Jlprudhomme@msn.com
http://jlprudhomme.wix.com/johanne-landers

http://facebook.com/johanne.landers

I 0537825

Zack Mezzo le beau charmeur chevauche avec l'amour

Johanne Landers

Julien doit comparaître en cour ce matin pour conduite en état d'ivresse. Zack a été nommé comme son avocat d'office. Ils s'étaient rencontrés la veille. Zack a réussi à le faire libérer sous caution.

Julien retourna chez lui où il habitait avec sa grand-mère.

— Julien, promets-moi que tu verras à te faire soigner avant qu'il t'arrive un accident ou tu pourrais tuer quelqu'un, tu dois y penser.

— Oui grand-mère je te le promets.

— Tu as été chanceux encore cette fois-ci, mais un jour tu n'auras plus cette chance.

— Je sais. L'avocat qui m'a défendu était très compétent.

— Oui, mais il reste que tu ne l'auras peut-être pas la prochaine fois. Comment se prénome t'il?

— Maître Mezzo.

— Mezzo, Mezzo. Ce nom me dit quelque chose, mais je n'arrive pas à me rappeler.

Julien était pour revoir Zack à coup sûr ou un autre avocat, car il était toujours à avoir des démêlés avec la justice.

Zack décida de parler avec Zoé de son projet. Il avait besoin d'en parler, il avait besoin de partir. Où, quand, il ne le savait pas.

— Salut Zoé, t'as une minute pour moi?

— Toujours mon meilleur. Mais tu me fais peur, tu as l'air trop sérieux là.

— Oui, j'ai quelque chose qui me tracasse beaucoup ces derniers temps. C'est délicat.

— T'as besoin d'argent?

— Non c'est bien pire que cela.

— Zack, dis-moi que tu n'es pas malade. Je vais en mourir.

— Non je ne suis pas malade. Ah! Zoé, je ne sais plus où mettre la tête.

— Hé! viens, assoyons-nous ici pour discuter. Je vais barrer ma porte et nous ne nous laisserons pas déranger.

— Oui, t'as quelque chose de fort à boire.

— Du Grand-marnier ça te va?

— Oui, double s'il te plaît.

— Dis-moi Zack.

— Tu te souviens Avril quand nous étions à l'école de droit à la fin de nos études.

— Oui, tu as fini dans son lit, je me souviens très bien.

— Oui…et bien ce n'était pas mon intention, mais j'avais un peu trop bu pour fêter mon diplôme. Et…ce n'est pas ce que je pense Zack.

— Je ne sais pas à quoi tu penses. Je l'ai mise enceinte. Elle voulait que je l'épouse, mais il n'en était pas question. Alors je l'entretiens elle et…..Mes deux filles.

— Ah des jumelles! Oh Zack! mais si elles sont à toi pourquoi nous les avoir cachées, surtout à moi.

— Écoute, avoir des enfants avec une femme que tu n'aimes pas du tout, du tout et que tu ne veux surtout pas marier. Ce n'est pas vraiment l'image de notre famille. Je suis fier de cette famille et ne voulais pas détruire cette image et je me trouvais assez salaud.

— Zack, nous sommes en 2014 et non en 1800. L'image on s'en fou. Est-ce que tu les vois?

— Oui, je passe une soirée avec elles une fois par semaine. Elles sont si mignonnes.

— Oh! Zack je veux les voir. Elles sont mes nièces.

— Je vais t'écrire une adresse et viens me rejoindre ce soir. Avril partira et moi je reste chez elle toute la soirée avec les filles. C'est plus facile avec toutes les choses qu'elles aient besoin, couches, biberons et tout ça.

— Zack, quel âge elles ont!

— Dans trois semaines elles fêteront leur premier anniversaire.

— Zack, tu dois le dire à nos parents.

— Viens ce soir et nous en discuterons plus en détails. On ira prendre un verre après.

— Très bien, j'y serai.

Zoé retrouva Zack chez Avril. Quand Zoé vit Avril, elle comprit mieux pourquoi Zack lui avait parlé et était si bouleversé. Avril était avec sa mère, elle semblait très malade, sa mère la poussait dans un fauteuil roulant et on pouvait voir qu'Avril n'en avait pas pour longtemps et que ce n'était certainement pas elle qui s'occupait de ses filles.

— Zack…Avril!
— Oui, il est là le problème. Nous allons nous occuper des filles et nous en discuterons après tu veux.
— Oui…je veux les voir.
— Je vais plus que te les présenter. Tu vas m'aider à leur donner un bain ce soir. Prépare-toi, car elles aiment bien m'arroser.

Zoé profita au maximum de ses nièces, des jumelles identiques. Elles étaient si mignonnes. La mère d'Avril revient après que les filles étaient couchées. Elle discuta avec Zack dans la cuisine. Ensuite Zack et Zoé décidèrent d'aller chez Zack pour discuter de la situation.

— Avril semble très malade.
— Oui, elle l'est. Je ne l'aime pas d'amour, mais c'est quand même pénible de la voir comme cela.
— Elle va mourir sous peu. Sa mère vient de m'annoncer qu'elle est entrée à l'hôpital et que probablement qu'elle n'en ressortira pas.
— Mon parvre Zack, je suis tellement désolé pour toi.
— Moi, c'est pour les filles que je suis désolé. Perdre leur mère si jeune.
— Oui, qu'est-ce qu'elle a exactement.

— Cancer.

— Qu'est-ce que tu vas faire.

— Sincèrement, depuis la naissance des filles qu'Avril ait développé son cancer et sa mère vient de me dire qu'elle ne veut pas continuer à prendre soin des filles. Que cela lui rappellera trop sa propre fille et que si elles ne les avaient pas eux, qu'elle n'aurait peut-être pas le cancer aujourd'hui.

— Zack, on ne peut pas dire une chose pareille, c'est une hypothèse ridicule.

— Elle ne veut plus les revoir. Elle dit que si je ne les prends pas, elle les donnera en adoption.

— Non Zack non. Tu es leur père, tu te dois de les prendre. Quelle horreur! Comment peut-elle dire une chose pareille.

Zack se mit la figure dans ses deux mains. Il ne savait plus quoi faire. Une chose était sûre. Pas question de laisser tomber son rêve. Il voulait vivre à la campagne.

— Zack ne pleure pas s'il te plaît. Je vais t'aider. Si tu veux, Ted et moi pourrions les prendre une fin de semaine sur deux pour t'aider à gérer. Je suis certaine que quand les parents sauront ils t'aideront aussi. Ils peuvent même peut-être vous prendre dans la maison avec eux.

— Je me vois oui, retourner chez mes parents et en plus avec les deux plus belles créatures.

— Tu l'as dit. Deux belles créatures dont tu ne peux pas te défaire. Sinon, je vais les adopter.

— Quoi, non je veux les garder. Juste à y penser, j'en ai des frissons. Je ne peux pas imaginer les donner en adoption, impossible Zoé.

— Bien, c'est ce que je voulais entendre.

— Quand dois-tu les prendre?

— Hum, imagine que sa mère voulait que je les amène avec moi ce soir, car elle veut consacrer son temps pour Avril. Je la comprends. Je lui ai dit que je viendrais chercher les filles et tous leurs meubles et autres. Dieu sait qu'elles en ont des autres choses. Je leur ai tous donné ce dont j'ai pu Zoé, tout.

— Maintenant il leur faut un père à temps plein. Ne t'inquiète pas Zack. Tout ira bien.

— J'ai autre chose à te dire.

— Ne me dis pas que tu as un autre enfant parce que je t'étrangle.

— Non, non. Ç'a été ma seule folie.

— Ah! c'est mieux. Quoi donc Zack, dis-moi….Tu viens de m'immuniser alors ça ne peut pas être pire.

— Depuis un bon bout de temps maintenant, j'ai un rêve et c'est aller vivre à la campagne. Je crois que ce serait bien d'élever mes filles à la campagne, tu ne trouves pas.

— Oui, mais ça va te faire beaucoup de voyagement, alors comment comptes-tu faire pour les filles.

— J'aimerais ouvrir un cabinet à la maison. Ce sera idéal aussi pour mes filles, je pourrais travailler aux heures que je veux.

— Plutôt aux heures que tu pourras.

— Très drôle, c'est ce que je voulais dire.

— Oui, mais nous ne serons pas près de toi pour pouvoir t'aider.

— Je sais, je compte aller à environ une heure du Centre ville de Vancouver. Je vais engager une nounou ce qui m'aidera beaucoup.

— Ça semble faisable. Mais je vais te manquer. Pourquoi ne gardes-tu pas un pied d'encrage au cabinet et venir une fois par semaine. Tu pourrais quand même utiliser tout le matériel et tout ça. Cela te coûtera moins cher pour démarrer ton cabinet.

— Bonne idée, si nos parents acceptent.

— Zack, nos parents ont toujours tout fait pour nous. Tu sais très bien qu'il n'y aura pas de problème de se côté voyons.

— Je sais, mais je ne suis pas content de moi-même, avoir fait une chose pareille.

— Ça peut arriver à tout le monde, regarde Ogan et Amélia.

— Oui, mais au moins lui il l'aime et c'est réciproque.

— Oui, mais ce qui est fait est fait, tu dois gérer maintenant.

— Est-ce que tu peux m'aider demain à prendre soin d'elles du temps que je déménage leurs choses ici.

— Oui, mais Zack. Pourquoi déménager les choses ici avant de parler à maman et papa. Je suis sûre qu'il serait préférable que tu ailles chez eux avec les filles jusqu'à ce que tu te trouves un endroit et que tu t'installes avec elles.

— Il est très tard. Je ne suis pas pour les déranger ce soir.

— Je crois qu'ils vont s'en remettre.

— On les appelle.

— Tu es fou, on va les voir. Je n'oserais pas dire ça au téléphone.

— Ça y ait, tu viens de m'enlever le peu de confiance que j'avais.

— Allez viens.

— Zoé, il est préférable que nous ne parlions pas d'un déménagement à la campagne ce soir. Je vais assez leur briser le coeur et les décevoir pour l'instant.

— Zack, ne pense pas comme cela. Regarde comment ils ont bien pris la nouvelle pour Ogan, pourquoi cela irait mal pour toi.

— Parce que Ogan est le cadet et que papa et maman adoraient déjà Amélia.

Ils arrivèrent chez leurs parents. Ils avaient encore tous une clé pour entrer. Zoé alla réveiller ses parents, ils leur expliquaient la situation. Frédérick et Johannie étaient des plus surpris, mais aussi les grand-parents les plus heureux. Ils étaient pour garder les filles le lendemain pour que tous puissent se mettre au déménagement.

— Je t'avais bien dit.

— J'ai bien hâte de voir leur réaction quand ils les entendront crier les deux ensembles. Je crois que je vais même devoir m'acheter des bouchons pour les oreilles.

Zack était mieux maintenant qu'il s'était enlevé ce poids, ce grand secret.

Le déménagement s'effectua en vitesse. Tous étaient surpris de voir Zack avec des jumelles.

— Té d'la merde, t'aurais quand même pu nous le dire.

Zack avait une de ses filles sur lui. Il la regarda et s'adressa à elle.

— Ça Zakarianne, c'est le pas très gentil oncle Michaël et il doit surveiller son langage devant des enfants.

— Zakarianne!

— Oui, disons que je n'ai pas eu à choisir les noms o.k., tu pourras l'appeler Anne si tu veux.

— Et l'autre, pas Suzianne hein.

— Non, mon autre amour est Zoyanne et oui je sais. Elle en avait des idées leur mère.

— Quel beaux noms.

— Merci Michaël. Si tu restes gentil avec leur père et que tu surveilles ton langage, je te permets de les prendre.

Zack engagea une infirmière qualifiée d'une agence pour prendre soin des filles le jour durant son travail et les parents de Zack décidèrent qu'il serait bien de prendre une étudiante en éducation juvénile à domicile. Elle irait à l'école le jour et elle s'occuperait des jumelles le soir, ainsi que la nuit si nécessaire. La situation était idéale, à l'exception qu'il se sentait à la case départ en étant retourné vivre chez ses parents. Il mit son condo à vendre et débuta sa quête pour un endroit à la campagne.

Un an plus tard, il était toujours chez ses parents. Entre son emploi et ses filles, il n'avait plus de temps à lui. Mais il était heureux et ne regrettait pas une seconde d'avoir pris ses filles avec lui.

Une journée, il devait aller rencontrer un client qui était malade et avait demandé à le voir et de se déplacer jusque chez lui. Ce n'était pas dans ses habitudes à lui de faire cela, mais bon une fois n'est pas coutûme.

La ferme où habitait M. John était à White Rock, sur les lignes entre le Canada et les États-Unis. Il y passa la journée à discuter, mais il ne pourrait pas être celui qui le défendrait, car cette cause ne tombait pas dans son domaine. Il lui fallait prendre une autre firme d'avocat. M. John ne lui avait pas bien expliqué son problème et Zack réalisa à lui parler que sa maladie le mettait quelquefois confus.

Il décida de longer la route côtière pour le retour à la maison. Il savait qu'il n'avait pas à s'inquiéter pour les filles et cela lui ferait du bien. Il aimait tellement être sur le bord de la mer. Après quelques kilomètres il vit un terrain à vendre qui donnait sur le bord de la mer. Il s'arrêta pour prendre les informations en note et décida qu'il téléphonerait quand les filles seraient endormies ce soir. La noirceur tombait déjà. À quoi bon téléphoner maintenant.

Zack était arrivé trop épuisé. Il décida de téléphoner le lendemain, mais quelques jours passèrent sans qu'il n'ai téléphoné pour avoir des informations sur le terrain.

— Zack, tu te rappelles quand tu m'as parlé de tes filles pour la première fois.
— Oui, ça fait déjà un an.

— Oui, déjà un an comme tu dis. Tu n'as toujours pas réalisé ton rêve. As-tu changé d'idée?

— Non, c'est juste que je n'ai plus beaucoup de temps pour moi. Mais tu sais, l'autre jour j'ai vu un terrain à vendre sur la rive, je n'ai toujours pas téléphoné….Je devrais le faire, j'en ai tellement envie. Mais je me demande si cela plaira aux filles.

— C'est beau de t'entendre dire cela ''si cela plait aux filles''.

— Ne te moque pas Zoé c'est très important pour moi maintenant.

— Oui, c'est ce que j'ai senti dans cette phrase. Tu dois l'essayer. Tu n'as rien à perdre.

— Non, probablement juste ma chemise à acheter ce terrain et faire construire une maison pour mes poupées.

— Comme si ta mère n'était pas millionnaire. Nous sommes tous des enfants très responsables et s'il nous arrivait de faire une erreur quelconque et nous tomberions pauvre….Maman nous aiderait.

— Je suis déjà celui qui est arrivé, du jour au lendemain à la maison avec deux belles fillettes d'un an je te rappelle. Je n'ai vraiment pas envie d'être celui qui fait toutes les erreurs dans la famille.

— Bon. Si tu le dis, mais je crois que tu devrais te renseigner et Ted, toi et moi devions aller voir ça. Nous pourrions aussi amener les filles. Ça leur fera prendre de l'air de la campagne.

Zack pensa à ce que sa soeur lui avait dit. C'est vrai qu'il n'avait rien à perdre. Il devait foncer dans la vie pour ses filles. S'il avait pensé un jour être père à temps plein, du jour au lendemain, il aurait bien ri de celui qui aurait osé y penser. Il vivait maintenant juste pour ses filles. C'était un cadeau du Bon Dieu.

— Bonjour Zack.

— Bonjour Amélia, tu es matinale pour être dans mon bureau ce matin. Tu viens au café dans la cuisine?

— Oui, je veux bien t'accompagner. Mais tu dois faire vite, tes parents font une réunion d'urgence dans la salle de réunion dans dix minutes.

— Hein! Qu'est-ce qu'il y Amélia.

— Zack, n'essaye pas savoir, je ne parlerai pas. Allez au café et en réunion.

— Aaaaaaaaaaaa

— Bon matin les enfants.

— Trop de bonne heure papa.

— Arrête Ogan, c'est important.

— Brrrrrrrrrrrr

— Plus un mot de vous, votre mère et moi avons à vous parler.

Soudainement Zack devint très pâle.

— Ah non! s'il vous plaît ne me dites pas qu'ils vont annoncer leur retraite pour s'occuper de mes filles. Je ne pourrais jamais leur briser le coeur en leur disant que je veux partir et m'installer à la campagne.

Zoé le regardait, elle avait bien deviné ses pensées et son inconfort.

— Maman, papa, vous n'allez quand même pas nous annoncer que vous prenez votre retraite à 8h00 le matin.

— Non. Ce n'est pas ça Zoé.

Zoé vit que Zack avait pu reprendre une respiration normale. Elle savait que c'était ce à quoi il avait pensé. Il lui fit signe, seulement avec un regard ces deux-là se comprenaient. Michaël les observait.

— Que manigancez-vous vous deux?

Zack et Zoé partirent à rire, car cela faisait très longtemps qu'ils n'avaient utilisé cette force de dialogue par le regard. Ils étaient deux beaux complices.

— Pas de tes affaires le grand.
— Écoutez les enfants. Nous allons faire vite pour vous libérer à votre caféine. Nous avons pensé qu'il serait grand temps de faire une réunion familiale pour établir et regarder à nos testaments. Pour exemple Zack, tu n'as rien d'établi pour les filles.
— Je sais, je dis toujours que je vais le faire et ce n'est toujours pas fait. Mais je sais aussi que vous êtes une très bonne famille et qu'on s'aime tous. Alors de là ma faiblesse, je crois.
— Oui je sais. Mais nous allons préparer quelque chose votre mère et moi et allons vous donnez toute l'information à savoir où et quelle date sera tenue cette réunion.
— On ne fait pas cela ici. Ce n'est pas long.
— Ce sera long et c'est un travail important.
— Ah! pouvons-nous retourner à notre… caféine.
— Oui Zack. Je te croyais réveillé quand tu partais de la maison.

— Non, je crois que je ne dors pas bien. J'ai toujours cette peur que les filles se réveillent et que personne ne les entende.

Ils sortirent tous en riant de Zack. Un an plus tard et il ne dormait toujours pas bien.

— Pauvre garçon, imagine quand elles auront quinze ans.
— Maman, ne me dis pas ça, c'est déjà assez difficile.
— Elles crient fort chéri, il ne faut pas avoir peur.
— Ah! bonne journée maman… Tu ne comprends pas.

Frédérick et Johannie se regardèrent d'un drôle d'air.

— Johannie, je crois que nous avons un garçon en ménopause avec un commentaire pareil. Ah! ha.

Zoé vint discuter avec Zack pour le pousser à téléphoner pour son terrain avant que la scène de ce matin soit la bonne et que Zack sente qu'il ne peut plus parvenir à son rêve. Il prit rendez-vous pour le samedi suivant pour 10h00 le matin, comme cela ils auraient tous le temps de profiter de l'air pur de la mer.

Ted, Zoé, Zack et les deux filles partirent pour l'aventure d'une journée. Zack espérait secrètement que son rêve se réalise. Après avoir visité le terrain. Zack avait mentionné qu'il viendrait probablement visiter

avec un ingénieur et qu'il prendrait sa décision ensuite.
Ils se rendirent au centre-ville.

— Ouf, ce n'est pas le centre-ville de Vancouver
mon ami.
— Non je sais Ted, mais j'ai toujours rêvé à cette
tranquillité au bord de la mer.
— Tu sais que je te vois avec tes filles depuis un an
et que je me dis encore que mon ami Zack est disparu,
c'est toi en mieux maintenant. Y'était quand même
temps que tu te cases.
— Tu trouves que je suis casé hein. Avec deux filles
qui me cassent les tympans quand je dis non.
— Ted chuchota à l'oreille de Zack.
— Tu crois que c'est différent avec une tigresse
comme Zoé.

Ils riaient, Zoé les regardant d'un air mesquin. Elle
avait bien deviné qu'ils la taquinaient à l'air qu'ils
avaient de la regarder.

— Tiens oncle Ted, si tu te rendais utile au lieu de
parler de moi.
— Non, je n'aurai jamais fait ça chérie.
— Il l'embrassa en prenant Zakarianne.
— Zoé, comment fais-tu pour toujours les
reconnaitre? Je n'y arrive pas.
— Une affaire de jumeaux identiques. Laisse
tomber.

Zack riait. Les filles avaient des rubans différents
dans les cheveux et c'est la façon de faire la différence

du jour.

— Chut toi.
— Tigresse hein.
— Ne me fais pas dire des conneries devant les filles.
— Surtout pas, elles répettent tout.

Ils passèrent la journée à visiter les boutiques touristiques, le magasin général et les quelques rues du centre-ville. Ils allèrent ensuite s'installer à la plage publique et jouer avec les filles.

Zoyanne tomba sur une huitre et se coupa la cuisse. Elle pleurait, criait et saignait beaucoup. Zack était plus pâle qu'une feuille de papier. Il avait pris Zoyanne dans ses bras et il criait plus fort qu'elle.

— Un docteur, y'a-t-il un docteur ici? Appelez une ambulance.
— Zack, calme-toi. Nous allons lui mettre une compresse et l'apporter nous-mêmes à la clinique, je l'ai vu quand nous ….
— Je suis médecin, la seule de la région vraiment. Je peux la voir.
— Ah! oui docteur vite elle saigne beaucoup.
— Ça va aller, ne vous inquiétez pas. Je crois que vous deviez vous asseoir.
— M'asseoir, m'asseoir!

Ted avait pris Zakarianne dans ses bras qui elle aussi

pleurait de voir sa jumelle pleurer. Ted mis la main sur l'épaule de Zack et lui dit qu'il serait plus que préférable qu'il s'assoit et se ferme, car il était pour empirer les pleurs des filles. Zack s'assit sur le banc à côté de Zoyanne tandis que le médecin l'examinait. Ted avait amené Zakarianne plus loin pour qu'elle n'entende plus sa jumelle pleurer et il finit par pouvoir la calmer.

— Vous pouvez l'apporter à la clinique et je vais désinfecter cette plaie et peut-être lui faire quelques points de suture. Nous allons pouvoir savoir seulement après avoir bien nettoyé.

— J'étais venue à la plage à pied, je peux embarquer avec vous.

— Oui, venez.

Le médecin regarda Zoé avec un air d'espérance.

— Vous conduisez, j'espère.

— Ah! Ah! Ah! certainement si on veut survivre à la première épreuve de mon frère en tant que père.

— Je vais m'asseoir à l'arrière avec Zoyanne. Mais où sont Ted et Zakarianne.

— Ils sont partis marcher. Je vais lui téléphoner de la clinique. Il surveillera les choses le temps qu'on revient les chercher.

— Tu devrais peut-être rester avec eux. Ted…

— Non, assois-toi et ferme-la.

— C'est gentil ça, merci Zoé. Je ne veux pas deux accidents la même journée.

— J'ai dit, ferme-la.

Maggie riait de les voir s'engueuler et de voir comment Zack réagissait au premier bobo d'une de ses filles. Zakarianne s'était calmée.

— Zakarianne et Zoyanne, deux très beaux prénoms. Et elles sont très belles vos filles monsieur.
— Merci, appelez-moi Zack.
— Zack, moi c'est Maggie.
— Vous êtes de passage Zack.
— Je suis venu voir un terrain qui est à vendre au bord de la mer.
— Et qu'en pensez-vous?
— Je ne sais pas encore, mais c'est un rêve pour moi d'avoir un terrain sur le bord de la mer. Aussi d'élever mes filles à l'air pur, j'aimerais mieux que la ville.
— Oui, c'est certainement un bon choix.

Zoé les écoutait discuter tous les deux le temps de se rendre à la clinique et d'installer Zoyanne sur une table pour l'examiner. Soudainement en une fraction de seconde, elle savait que son jumeau n'avait d'yeux que pour Maggie. Elle était avec eux, mais c'était comme si elle n'était pas là. Zoé regarda Zack dans les yeux.

— Zack!
— Zoé.
— Je vais sortir pour téléphoner Ted.

Zack savait qu'elle savait. Cette femme l'avait fasciné en un clin d'oeil.

— Ted, tu ne croiras pas ce que je vais te dire.

— Où tu es. Zoyanne va, bien j'espère.

— Oui très bien. Elle va peut-être avoir quelques points de suture tout au plus. Ted, Zack lui a tombé dans l'oeil.

— De qui?

— Le médecin.

— Voyons Zoé, elle vient de nous apparaître il y a trente minutes, ce n'est pas un peu vite pour dire ça.

— Non, je te le dis. Il va acheter ce terrain et il est amoureux de cette fille, elle s'appelle Maggie.

— À la blancheur que ton frère avait, j'ai plus l'impression qu'il ne voudra plus jamais amener les filles sur une plage.

— Ah! nous arrivons bientôt, je les vois sortir et Zoyanne sourit. C'est bon signe. Et pour ce que je t'ai dit, on va bien voir. Je parie avec toi que le terrain va être acheté et la construction va commencer la semaine prochaine. Je crois même qu'il va superviser les constructions de sa maison de très près. Il va même peut-être oser prendre un marteau et devoir aller voir le médecin pour panser ses petits bobos.

— Zoé, elle est peut-être avec quelqu'un, tu ne sais pas.

— Ça avait l'air aussi intense de son côté. Mais je vais quand même essayer de m'informer. Nous allons bien la ramener à la plage. Je te laisse, je les rejoins.

— Zoyanne va bien.

— Oui, ça va aller.

— Et papa va bien aussi?

— Très drôle. Bien j'ai réagi un peu fort, mais ç'a été plus fort que moi.

— Maggie, on vous ramène à la plage?

— Oui, j'aimerais bien j'y ai laissé toutes mes choses.

— Maggie, je me demandais s'il y avait des avocats dans le coin?

— Non malheureusement, les gens doivent aller à Vancouver. Pourquoi, vous avez besoin d'un avocat?

Zoé et Zack se mirent à rire.

— Nous, nous sommes d'une famille d'avocats, mais si j'achète le terrain donc je vous parlais, j'aimerais ouvrir un cabinet à la maison avec les filles ce sera pratique.

— Oui certainement, mais ce n'est pas comme s'il y avait beaucoup de travail pour un avocat à temps plein dans le coin.

— Je garderai ma place en ville et j'irai une journée par semaine.

Zoé regardait Zack dans le rétroviseur. Il ne la voyait pas du tout.

— Ça y est, ça recommence. Ils m'ignorent complètement tous les deux. Je me sens de trop dans cette voiture et en même temps je suis si contente pour mon frère. De pouvoir vivre ce moment avec lui. Je me demande s'il réalise qu'il est déjà dingue de cette fille. Je dois faire ma petite recherche avant que nous arrivions à la plage.

— Maggie, vous vous plaisez ici avec votre famille?

— Je n'ai pas de famille ici, ils vivent de l'autre côté de Vancouver, mais je me plais beaucoup ici. Et moi aussi Zack je travaille une journée par semaine à Vancouver pour pouvoir faire mes cas d'hôpitaux.

— Comment trouvez-vous le voyagement avec votre famille?

— Hum, je suis seule. Ma famille vit toute de l'autre côté de Vancouver.

— Croyez-vous que je pourrais trouver une nounou pour les filles ici?

— Il y a bien une jeune fille qui gardait deux enfants à temps plein, mais le couple est reparti vivre à Vancouver et la jeune fille est restée ici.

— Zack tu devrais donner ton numéro à Maggie et si cela ne vous dérange Maggie vous pourriez vous informer et téléphoner Zack si la jeune fille était intéressée à rencontrer Zack avec les filles.

— Oui sans problème.

Sur la route du retour, Zack n'était plus avec eux… il était resté avec cette fille en pensée.

— Zack, tu n'entends rien. Youhou!

— Ah! oui quoi.

— Té dans la lune, ou plutôt en Maggie.

— Ah! Zoé, ne dit de sottises devant les filles.

— Elles ont deux ans Zack, elles ne comprennent pas la signification. C'est plutôt toi qui ne veux pas m'en parler.

— Tu sais Zack qu'elle dit déjà que tu es amoureux de cette belle Maggie et que tu vas acheter le terrain… ainsi que commencer la construction la semaine prochaine. Comme si c'était faisable et que tu avais déjà tous les plans de la maison.

— Ted, tu sais tu disais tout à l'heure que Zoé était une tigresse.

— Les gars, je vous ferais remarquer que je suis dans la voiture.

— Eh bien non, c'est une sorcière. Quelquefois j'ai envie de l'étriper tellement elle lit en moi. Hum, j'ai déjà téléphoné pour l'achat du terrain, pour les avocats sans problème, j'en connais une qui va devoir se libérer très vite pour moi et mes plans sont partis il y a une heure chez l'entrepreneur.

— Ah! Je te l'avais bien dit Ted.

— Oui, mais Zoé quand même, je ne suis pas assez bête pour faire tout ça parce que Maggie a été très gentille avec Zoyanne.

— D'autre qu'à moi Zack.

Tout se passait comme Zoé l'avait prédit. Le chantier commençait quatre jours après la visite du site. Par contre Zack appréhendait sa soirée. Il était pour apprendre à ses parents qu'il partait avec les filles pour vivre à la campagne et qu'en plus il ne viendrait pas travailler au cabinet d'avocat familial chaque jour qu'il s'ouvrirait un cabinet à la maison. Zoé l'avait déjà devancé sans qu'il le sache, elle avait parlé avec sa mère parce que Zack avait très peur de faire une erreur et que son cabinet ne fonctionnerait pas à la campagne. Sa mère avait rassuré Zoé. Tout s'était bien passé pour Zack, pour lui ses parents ne semblaient pas trop déçus et l'encourageait à vivre son rêve.

— Merci à vous deux. Vous avez été d'une aide incomparable.

— Zack, nous sommes tes parents et les grand-parents de deux jolies petites filles. Pour nous c'est merveilleux de pouvoir te voir épanoui à nouveau.

— Je suis très heureux c'est vrai. J'ai bien hâte de vous montrer cela.

— Zack ton père et moi avons pensé que tu devrais prendre ce chèque pour t'aider à réaliser ce rêve en toute quiétude.

— Ah! non je ne peux pas, vous m'avez déjà tellement aidé en nous prenant ici les filles et moi. Ça va bien aller j'en suis sûre.

— Zack, tu prends cet argent un point c'est tout. Prends-le pour les filles.

— Zack se résigna en voyant Frédérick si catégorique.

— Merci papa, merci maman. Je ne vous serai jamais assez reconnaissant.

Zack n'avait pas osé regarder le montant du chèque devant eux. Arrivé à sa chambre, il déposa le chèque sur sa table de chevet et alla voir les filles. Son téléphone portable se mit à sonner. Il décida de ne pas répondre et de border les filles lui-même ce soir. Quand il retourna à sa chambre, il vérifia son portable. C'était un message de Maggie. Elle disait que la jeune fille qui se nommait Barbara voulait bien le rencontrer. Elle travaillait présentement dans une garderie, mais qu'elle préférait de beaucoup en foyer privé. Elle lui laissa le numéro de Barbara pour qu'il communique avec elle pour prendre rendez-vous.

— Merde! j'ai manqué son appel. J'aurais dû répondre. Maintenant je n'ai pas son numéro. Moi qui voulais l'inviter pour un café. La seule chose à laquelle je pense nuits et jours est Maggie et je manque son appel. Je ne peux plus me sortir cette femme de la tête, pourtant je le devrais, car qui veut d'un homme avec deux si jeunes enfants.

Il était séparé entre ses filles, son travail et la construction de sa maison. Avec le chèque volumineux que ses parents lui avaient donné, sa maison et son terrain étaient payés. Il n'avait qu'à subvenir aux besoins de ses deux filles. Il se devait de ne penser qu'à elles. Sa vie sociale pouvait bien attendre quelques années.

— Zack, il y a un M. Julian Roberts pour vous voir, mais je ne le vois pas à l'agenda.

— Fait-le entrer c'est bon.

— M. Roberts, vous pouvez vous rendre dans le bureau de Maître Zack Mezzo. La deuxième porte à votre gauche.

— Merci.

Zack le fit asseoir poliment.

— Hein! je voulais vous dire que ma grand-mère s'est rappelé ce que votre nom de famille lui disait. Elle ne se rappelait pas au début et hier elle m'a tout débité ça.

— Julien vous allez devoir m'en dire plus que cela si c'est pour vous défendre.

— Ce n'est pas ce que tu penses Mezzo.

— Oh! y'a un problème là. Ne me parlez pas sur ce ton Julien.

— Tu sais ce que ça lui disait le nom Mezzo à ma mère?

— Non, dites-moi.

— Hé bien! les parents de ta mère ont tué les miens et il a été prouvé que ton grand-père était en état d'ivresse. T'imagines! Un juge.

— Qu'est-ce que tu dis Julien, viens au but. Je sais que mes grands-parents sont décédés dans un accident de voiture.

— Oui, Hé bien! ils étaient quand même ceux qui ont causé l'accident et tués mes parents.

— Bon, nous allons dire que tes parents et mes grands-parents sont décédés dans cet accident.

— Ma grand-mère m'a prise sous son aile, mais elle aurait voulu faire un procès à ta mère. L'argent n'y était pas…tu vois.

— Non je ne vois pas. Qu'est-ce que tu veux.

— De l'argent, qu'est-ce que tu crois. J'avais trois ans et je n'ai pas pu connaitre mes parents à cause de cela. Aussi en vivant avec ma grand-mère, je n'ai pas pu faire d'études convenables. Je veux un dépannage…tu vois là. Sinon je fais un carnage avec cela.

Julien se leva et se dirigea vers la porte. Il se retourna et ajouta.

— Un beau million dans une semaine. Je vais revenir le chercher ici, dans ton bureau et n'essaie pas de me jouer, sinon ce sera le scandale.

— Ordure, tu crois pouvoir nous faire chanter avec un accident qui est arrivé il y a environ quarante ans. Mais tu rêves Julien.

— Je vais te téléphoner dans une semaine, si tu me dis que tu n'as pas l'argent. La bombe explosera dans tous les médias.

Zack était estomaqué. Il sortit de son bureau pour aller voir sa mère, mais Julien revenait vers lui. Il lui chuchota à l'oreille.

— Attention à Zakarianne et Zoyanne.
— Espèce d'enfoiré, ne touche jamais un cheveu de mes filles sinon c'est vraiment à mon autre moi que tu auras à faire. Je vais t'étrangler.

Frédérick et Michaël entendirent Zack et ils sortirent de leur bureau pour rejoindre Zack. Frédérick demanda à Julien de sortir du cabinet.

— Qu'est-ce qui t'a pris Zack de perdre ton calme comme cela. Je ne t'ai jamais vu comme cela.
— Oui, Hé bien! je ne serai pas le seul à être dans tous ces états quand je vous aurai dit ce que cette espèce d'ordure prépare contre nous. Réunion de famille au complet immédiatement.
— C'est sérieux mon fils.
— Oui papa, il n'y a pas plus sérieux. Je passe un coup de fil et vous rejoins.

Zack appela pour voir si les filles allaient bien. Tout allait bien, mais son inquiétude était là maintenant à le tourmenter constamment.

— Écoutez-moi bien. Julien Roberts, un client que j'ai eu pour ivresse au volant est revenu me voir avec une histoire à propos de nos grands-parents, tes parents maman, aurait été trouvé coupable de l'accident dans lequel ils ont trouvé la mort, ainsi que les parents de Julien.

— On ne m'a jamais dit que mes parents ont été trouvés coupables. De toute façon, qu'est-ce qu'on aurait pu faire? On ne peut pas les accuser s'ils sont morts.

— C'est bien mon avis maman, mais Julien dit qu'il va porter cette histoire dans les médias parce que grand-papa était un juge et qu'il a été prouvé qu'il était en état d'ivresse.

— Mais pourquoi je n'ai pas été mise au courant de tout cela à la mort de mes parents?

— Johannie, je crois que le mieux serait d'avoir une copie du rapport de police et nous jugerons à partir de là.

— Non papa, il me donne une semaine pour lui donner un million de dollars…que je n'ai pas et… et…..Ah merde! il est revenu sur ses pas et m'a chuchoté à l'oreille le nom de mes deux filles papa.

— Quoi! J'appelle immédiatement Ted pour qu'il les protège.

— Zoé. Le problème est qu'il a menacé toute la famille. Je ne suis pas le seul à avoir des enfants à protéger.

— Nous allons le faire arrêter immédiatement.

— Papa, le problème c'est que si tu le fais arrêter, il va ouvrir sa grande gueule pareille et nous aurons un scandale assuré.

— Je crois qu'il serait sage pour la protection de la famille le temps que nous règlerons ce problème, ce serait de tous retourner chez-vous maman et papa pour pouvoir protéger les enfants sans que les médias ne soient pas informés.

— Je suis parfaitement d'accord avec Michaël. Nous pourrons protéger nos enfants nous-mêmes.

— Très bien, tous ceux qui n'ont pas à rester ici pour le travail, tous à la maison. Allez chercher les enfants. Nous allons reparler de tout cela à la maison. Papa et moi allons passer au poste de police pour pouvoir avoir ce rapport dans les brefs délais.

— Amélia va avec Zack et je vais chercher les enfants et vous rejoindre.

Zoé sortit de la salle de réunion et elle téléphona immédiatement à Ted son époux qui était détective privé devra sûrement pouvoir faire quelque chose.

— Ted mon chéri tu dois nous aider. Zack et ses filles ont été menacés par un fou, je t'expliquerai plus tard, mais je voudrais que tu puisses aller protéger les filles. Nous allons tous à la maison de nos parents nous aussi, mais je préfère que tu sois là.

— Sans problème Zoé, j'y serai dans dix minutes, je suis tout près.

— Merci, je vais te rejoindre.

— Je viens de recevoir un texte, c'est de Julien.

— Merde, il ne perd pas de temps celui-là. Qu'est-ce qu'il dit?

— Qu'il a changé ses plans, car il croit que je vais le doubler. Aussi que maintenant il possède des informations concernant les avoirs de maman et qu'il demande deux millions....Un pour Zakarianne et un pour Zoyanne.

Zack tomba sur la chaise, il avait les larmes aux yeux. Zoé était déjà à téléphoner à la maison pour demander à la nounou des filles de voir si elles allaient bien, de les garder à vue en tout temps et que Ted devait être là d'une minute à l'autre.

— Les filles vont bien Zack, ta nounou vient de me le confirmer à l'instant.
— Vite les enfants, à la maison immédiatement.

Ted arriva et personne ne lui répondait à la porte. Il fit le tour de la maison et entra par la porte-fenêtre où il vit la nounou en train de préparer les filles et Julien se tenait à côté d'elle avec une arme sur sa tête.

Ted n'eu aucun problème à le désarmer et l'étendre sur le plancher. La nounou Kalli, composa vite les urgences. Elle prit les filles et les amena au salon. Elle était soulagée de voir la famille entrer.

— Kalli comment allez-vous.? Ted est à la cuisine monsieur, il a arrêté le gars. Il voulait prendre les filles, il avait une arme…j'ai eu si peur.
— Désolé pour cela Kalli, tout va bien aller maintenant.

Zoé et les autres s'étaient déjà précipités dans la cuisine.

— Hé Zack! Je vais t'avoir quand même.
— Ta gueule Julien.

— Est-ce que cet imbécile oublie que nous sommes tous avocats? Nous allons lui coller tout ce que nous pouvons sur le dos pour nous assûrer qu'il ne ressorte pas du trou pour longtemps, très longtemps.

Zack s'approcha et lui mit son pied bien placé dans les côtes. Ses frères l'arrêtèrent.

— Zack, wow ne gâche pas tout. Je voudrais le frapper à mort moi aussi, mais cela pourrait se retourner contre nous et nous ne voulons pas qu'il puisse s'en sortir d'aucune façon.
— Je voulais le tuer.
— Oui je comprends. Va au salon voir tes filles.

Ted l'arrêta, mais Zack n'était pas prêt de se calmer. Tant d'émotion en quelques heures. Il était maintenant encore plus déterminé de déménager au plus vite à la campagne et de s'occuper de causes plus sûres pour la sécurité de ses filles. Il savait bien que cela n'était pas relié à une cause à risque qu'il avait prise, mais quand même.

— À l'avenir, aucune cause à risque pour moi.

Il avait apporté les filles dans son lit pour les endormir. Il n'arrivait pas à se résigner de les apporter dans leur lit. Il les regarda dormir quand Zoé entra dans sa chambre. Elle avait décidé de coucher chez ses parents pour pouvoir apporter un support à son jumeau, car elle savait qu'il en avait besoin en ce moment.

— Je suis allée voir les filles, mais quelqu'un les avait prises.

— Oui, regarde comme elles sont belles.

Zoé se coucha sur le lit de l'autre côté des filles et ils les regardaient sans rien dire, juste à les endormir. Plus tard Johannie entra pour voir comment Zack se portait. Elle vit que tous les quatre s'étaient là dans le grand lit, les jumelles au milieu, Zack sur un côté et Zoé sur l'autre. Les larmes coulaient sur ses joues. Elle était si émue de voir ce beau spectacle. Elle alla voir Frédérick pour lui montrer ça et tous deux étaient dans les bras l'un de l'autre a regarder les deux couples de jumeaux dormir paisiblement.

— C'est le plus beau spectacle que j'ai jamais vu Frédérick.

— Je suis d'accord avec toi Johannie, le plus beau. Surtout après l'émotion que nous avons eue aujourd'hui. J'ai eu si peur Johannie. Après avoir vécu l'enlèvement de Zoé, je croyais ne plus revivre cette peur.

— Oui, c'est trop. Le monde devient fou. Je crois que Zack aimerait vivre à la campagne avec ses filles.

— Je n'aurais jamais cru qu'il serait si mère poule par contre.

— Oui c'est vrai, moi non plus. Mais je suis si fière de lui. C'est un père merveilleux. Je lui souhaite de tout coeur de trouver une femme qui les aimera et qui les méritera.

— Oui. Que dirais-tu si nous allions prendre l'appareil photo et mémoriser ce beau moment.

— Quelle bonne idée? Nous partagerons cette photo avec la famille demain.

Le lendemain, tous les enfants étaient invités à venir déjeuner. Frédérick et Johannie partagèrent la merveilleuse photo.

— Vous nous avez photographiés quand ont dormait.

— Oh! nous avons fait plus que ça ma chérie, nous vous avons regardé dormir pendant au moins quinze minutes, nous avons pleuré à voir ce beau spectacle. C'est pour cela que nous avons décidé de partager ce moment avec vous tous.

— Merci papa, je garderai toujours cette photo pour que mes filles puissent voir cela quand elles seront grandes.

— Ça mon gars, ne le demande pas trop vite. Plus les enfants sont grands, plus les problèmes sont grands aussi.

Tous riaient. Ils formaient une famille attachante et soudée.

Zack prit quelques jours de congé pour aller sur le chantier de construction de sa maison. Il demanda aux entrepreneurs d'engager le plus d'hommes possible, mais qu'il voulait que sa maison soit terminée le plus vite possible. Après avoir regardé les travaux actuels et évalués avec l'entrepreneur en chef quand il serait possible d'habiter la maison, il décida de se rendre au cabinet de médecin pour voir Maggie.

— Bonjour, est-ce que le Docteur.....Maggie plutôt.
— Vous avez un rendez-vous.

— Non, non, c'est personnel. Dites-lui que si elle a le temps de me voir que c'est Zack.

— Zack. Très bien assoyez-vous, je vais voir si elle peut vous recevoir.

Désolé Zack, elle doit partir sur le champ, car sa mère est souffrante. Elle dit qu'elle vous rappellera.

— Sans problème. J'espère que tout va bien aller pour sa mère. Merci.

Il sortit du cabinet et se sentit vide. Il espérait tellement la voir. De toute façon, pourquoi se faire du mal pour rien. Il devait sauvagement se rappeler qu'il avait deux filles à prendre soin.

Quand il sera établi dans sa maison, où croyait-il avoir le temps pour courtiser une femme. Chaque fois qu'il pensait à elle pourtant, il ne pouvait s'empêcher de rêver de lui faire l'amour lentement, la savourer, la sentir se mouvoir sur son corps. C'était peut-être ça l'amour ou c'était peut-être juste parce qu'elle était la première femme à devoir se faire vouloir. Avant, il n'avait juste à regarder une femme et il l'avait dans son lit comme par magie. Maggie pourtant, ce n'était pas pareil. Il la respectait lui, il n'aurait même jamais osé l'amener dans son lit directement.

— Combien de temps sera-t-elle partie? Hum, je ferais mieux de retourner à mes filles pour l'instant, rien ne me sert de languir ici.

Il alla annoncer à ses parents que les travaux avançaient bien et que d'ici un mois, il serait en mesûre de s'installer avec les filles.

— C'est bien pour toi mon chéri. Ton père et moi avons décidé que tu ne devrais pas prendre de nouveau dossier ici avant que tu sois installé et que tu aies ouvert ton cabinet chez toi. Après tu reviendras comme convenu ici une fois par semaine.
— Vous êtes des parents plus que merveilleux.

Zack s'installa avec les filles dans leur maison un mois plus tard comme prévu. Il avait une vue magnifique sur la mer. Les vagues claquaient sur les rochers, le soleil pénétrait dans la maison.

Les ouvriers s'affairaient à finir une grande terrasse à l'avant et quelques finitions restaient à faire à l'étage.

La première semaine il en profitait pour se promener avec les filles et la deuxième semaine, il était plus reposé. Il se levait avant les filles pour s'assûrer d'avoir le temps de prendre un café seul sur la terrasse. Chaque matin c'était le début de la journée.

Deux mois après son arrivée, il voyait une personne sur les terres à côté des siennes qui se promenait à cheval chaque matin. C'était assez loin pour ne pas pouvoir distinguer la personne. Il trouvait ce spectacle merveilleux dans le décor qu'il avait à admirer chaque matin.

Barbara venait déjà chaque jour depuis qu'il avait emménagé. Aujourd'hui pour la première fois elle était pour passer la journée seule avec les filles. Il était rassuré par contre, elle était très responsable et les gens du village lui disait que c'était un très bon choix qu'il avait fait. Zack ne voulait pas qu'elle habite chez-lui en permanence, car il avait toujours vécu avec des nounous et c'était bien, car ses parents avaient tous les deux une carrière et cinq enfants, mais lui voulait se sentir responsable de ses filles et seul chez lui le soir venu quand les filles s'étaient endormies. Il la payait très bien pour qu'elle soit toujours disponible en cas de besoin.

Cela faisait déjà trois mois qu'il était passé voir Maggie à la clinique. Elle ne l'avait toujours pas téléphoné.

Ce matin, il décida qu'il était temps d'inaugurer sa maison. Il allait inviter sa famille à venir pour un repas sur la terrasse si le temps le permettait.

— Bonjour maman.
— Bonjour Zack, tout va bien?
— Oui plus que bien. Serait-il possible pour toi de demander à toute la famille de venir souper ici samedi qui vient. J'aimerais inaugurer ma maison et aussi j'ai très hâte que vous la voyiez maintenant qu'elle est terminée. J'ai quatre chambres qui pourraient être partagées parmi vous.

— Ça tombe bien. Ton père et moi, nous avons acheté une caravane pour pouvoir commencer à voyager. Nous allons avoir l'occasion de l'essayer.

— Merveilleux alors vous débutez votre retraite.

— Disons semi-retraite. Je vais passer ton message et te reviendrai demain avec la réponse à savoir qui viendra.

— Parfait. J'ai bien hâte de tous vous voir ici. Et le soir nous ferons un feu dehors. Nous pourrons initier les filles aux guimauves.

— Nous aussi nous avons bien hâte de voir cela terminé.

— Très bien maman. J'attends ton appel demain.

Barbara lui avait offert de rester pour l'aider à préparer le tout et recevoir sa famille.

— Je partirai quand votre famille sera arrivée.

— Pas question, vous resterez pour le barbecue et si vous voulez bien surveiller les enfants, je vous payerai pour votre journée. J'apprécie beaucoup.

— Non, je vous l'offre.

— Pas question. Je vous paye chaque fois que j'ai besoin de vous. C'était notre accord et il ne change en aucun terme.

— Très bien, c'est comme vous voulez.

Zack se demandait s'il devait oser retourner voir Maggie. Il avait une raison maintenant pour retrouver, il pouvait l'inviter à son souper. Elle connaissait déjà Zoé et Ted, elle se sentirait peut-être à l'aise de venir.

— Bonjour, est-ce que ce serait possible de voir Maggie?

— Attendez! Je vais voir, c'est bien Zack si je me rappelle bien.

— Oui, vous avez une bonne mémoire.

— Elle demande que vous attendiez. Elle n'en a pas pour longtemps.

Il prit place dans la salle d'attente. Il y avait deux dames qui attendaient. Elle n'aura sûrement pas beaucoup de temps à lui consacrer.

— Bonjour Zack, venez-nous allons aller dans mon bureau.

— Bonjour, je suis très content de vous revoir.

— Moi aussi, les filles vont bien?

— À merveille. Je suis passé, car je fais un souper pour ma famille et aussi pour inaugurer ma maison maintenant qu'elle est terminée et je voulais vous inviter aussi....Et vous pouvez venir avec votre ami si vous en avez un.

— Ah! Ah! Ah! non je n'ai pas d'ami. Quand faites-vous votre souper?

— Samedi et ensuite j'ai prévu faire un feu pour initier les filles aux guimauves.

— Oh! ça promet. Écoutez vous n'avez pas à vous sentir obligé de m'inviter, car....

— J'aimerais vraiment que vous veniez et je ne me sens pas obligé à quoi que ce soit. Aussi Barbara sera des nôtres. Elle va manger avec nous, mais aussi s'occuper des enfants.

— Barbara, elle me parle beaucoup des filles. Elle est merveilleuse cette Barbara. Bon très bien, je ne sais pas si je resterai pour le feu, mais je passerai.

— Super, je vous vois samedi.

Toute sa famille se rendit au souper. La maison était très vivante avec tous les enfants. Zack regardait la route constamment. Allait-elle venir?

Les enfants se mirent à crier soudainement. Tous les adultes qui étaient dans la maison sortirent au pas de course.

— Barbara, qu'est-ce qu'ils ont?

— Ils sont excités, car Maggie arrive à cheval.

Il la regarda venir vers la maison bouche bée. C'était elle la mystérieuse personne qu'il voyait le matin à cheval.

— Bonjour Zack, j'ai décidé d'en profiter pour prendre mon cheval, car je suis sur le terrain à côté de vous.

— Mais oui, alors c'est bien toi que je vois chaque matin.

— Oui, je commence toujours ma journée avec ma petite randonnée quand je n'ai pas de contretemps.

— Ah Maggie! ton cheval est magnifique.

— Merci, c'est Rancho.

La fête se passait bien. Autour du feu, Maggie en

avait profité pour prendre les filles tour à tour et elle semblait si à son aise avec des enfants dans ses bras. Mais pour l'instant, Zack c'est dans ses bras à lui qu'il voudrait avoir Maggie.

— Zack, je te remercie pour le souper et la soirée, c'était merveilleux et tu as une très belle famille. J'ai eu un très grand plaisir à pouvoir discuter avec chacun.

— Si tu veux, tu peux laisser Rancho ici et je pourrais te ramener chez toi.

— Non c'est impossible. Il pourrait être attaqué par un animal sauvage la nuit. Je dois le remettre à l'écurie. Je vais prendre le sentier sur le bord de la mer. Nous avons une très bonne lune ce soir, je n'aurai aucun problème.

— Ça irait si je marchais avec toi jusqu'à votre sentier. Nous pourrions discuter un peu. Nous n'en avons guère eu le temps ce soir.

— Tu vas laisser ta famille seule…

— Ma famille! Ne t'en fais pas pour eux.

— Alors j'aimerais bien.

— Je les avise et je reviens.

Zack se retourna vers la maison et il vit Zoé qui était derrière lui avec un gros sourire à lui fendre le visage.

— Ah toi! tu devrais te rendre utile au lieu de m'épier.

— Je ne t'épiais pas. J'ai vu que Maggie avait détaché son cheval, alors je voulais m'assûrer de lui dire au revoir.

— Je croyais qu'elle venait de dire au revoir à tous.

— J'étais au petit coin mon frère.

— Au revoir Maggie. J'espère que nous nous reverrons bientôt. Zack pourrait te donner mon numéro et quand tu passes à Vancouver, si tu as du temps, nous pourrions aller prendre un café.

— J'aimerais beaucoup oui. Au revoir.

— Zack, prends tout ton temps…même la nuit. Je m'occupe des filles.

— Voyons Zoé, je ne ferais pas cela.

— Quoi! Je tombe de haut là. Toi qui sautais toutes les filles que tu rencontrais le premier soir et tu ne ferais pas ça. C'est une bonne celle-là. Alors si jamais…je suis là. Prends ça.

— Une bouteille de vin et deux coupes!

— Oui Zack, rien de plus romantique que de prendre un verre de vin sur le bord de la mer. Vous pourriez vous asseoir et prendre un verre.

Maggie s'était avancée vers eux.

— Je connais un bon endroit pour cela.

— Ah! tu es là. Tu…tu es d'accord?

— Oui. C'est bien ce que tu voulais parler un peu. Apporte-le.

— On y va. Zoé s'occupe de coucher les filles avec Barbara. En plus Barbara a offert de coucher dans la chambre des filles ce soir. Elle est merveilleuse avec elles. Les filles l'aiment beaucoup.

— Voici l'endroit où nous serons très bien pour prendre un verre de vin. Tu vois, on peut voir ma maison d'ici.

Ils s'étaient installés sur un gros rocher en silence et

regardaient le coucher du soleil tout en sirotant leur verre de vin.

— Le coucher du soleil était merveilleux ce soir… surtout en ta compagnie.

— C'est réciproque.

— Merci pour la belle soirée. J'ai adoré ta famille. Ta grande famille je dois dire, moi qui suis habituée à être seule, c'était un bon divertissement. Il y avait longtemps que je ne m'étais permis de sortir.

— Pourtant ton cabinet ferme les portes à 16h00 et je serais surpris que tu sois appelée chaque soir pour des urgences.

— C'est parce que j'étudie par correspondance pour un cours.

— Nous sommes tellement bien ici, je crois que je n'ai pas envie de bouger tout de suite. Le clair de lune est tout aussi beau que le coucher du soleil.

— Oui c'est vrai. Si tu peux te le permettre, nous pourrions rester encore un peu.

— Pourquoi je ne pourrais pas me le permettre.

— Ta visite, les filles…

— Sans problème. Nous sommes une famille qui s'entraide beaucoup et si Zoé m'a mise à la porte avec une bouteille de vin, je dois la boire, car elle va me faire une scène.

— Ah! Ah! Ah! tu es près d'elle plus que des autres.

— Hé oui, je l'ai toujours eu sur les talons…c'est ma jumelle.

— Ah! c'est pour ça la grande ressemblance entre vous deux. Je comprends maintenant.

— Approche-toi, j'ai envie de ne plus parler et d'écouter les vagues avec toi. Savourons ce moment, nous aurons bien le temps de discuter une autre fois.

— Bien d'accord.

Maggie s'approcha de lui un peu timidement. Il la prit la rapprocha plus de lui encore et la pris et appuya sa tête sur son torse.

— Je suis vraiment bien.

— Moi aussi.

— Écoute les vagues, je pourrais passer ma vie dans cet instant magique.

Maggie releva la tête pour le regarder. Ils se regardèrent dans les yeux et Zack se pencha pour lui donner un baisé.

— Désolé je…

— Ne soit pas désolé Zack, je le voulais tout autant que toi.

— Habituellement je ne dis jamais à une femme que je suis désolé et sincèrement je ne sais pas ce qui m'a pris, car je ne le suis pas du tout.

Ils s'embrassèrent de nouveau, tendrement au début, mais la tension entrait de plus en plus en leur corps.

— Maggie, j'ai envie de toi depuis la première journée où je t'ai vu.

— Moi aussi Zack, on peut dire que cela faisait longtemps qu'un mec ne m'avait pas fait cet effet.

Il l'embrassa de nouveau et lentement ses baisés descendirent dans son cou, il lui chuchota plein de petits mots à l'oreille. Le corps de Maggie était déjà en éveil au moment où Zack avait posé ses lèvres sur les siennes. Il continua à l'embrasser tout en retourna à sa bouche et son cou puis il s'aventura sur ses seins.

— Ah Zack! j'ai tellement envi de toi, prends moi je t'en pris.

Zack lui enleva son gilet. Maggie commença à défaire la chemise de Zack et lui enleva, elle voyait enfin ce torse dont elle rêvait chaque soir depuis sa première rencontre.

Zack devait se retenir, cela faisait si longtemps qu'il n'avait touché une femme sous prétexte de vouloir se concentrer sur ses filles seulement. Mais aujourd'hui c'était impossible de résister à Maggie.

Maggie n'avait pas de soutien-george. Zack se demanda pourquoi elle n'avait pas de soutien-george. Maggie comprit et elle le regarda dans les yeux avec un sourire taquin.

— Ils sont si petits que je crois que je devrais choisir dans les adolescentes pour en avoir un à leurs tailles.

— Je ne m'en pleindrai pas, promis. Ils sont si mignons et réactifs avec ça.

— Sommes-nous vraiment à parler de la grosseur de mes seins où je rêve.

— Chut, tu rêves. Embrasse-moi Maggie.

Zack enleva son pantalon et enleva celui de Maggie, il étendit leurs vêtements sur la roche et il s'y adossa. Ensuite il prit Maggie pour la faire à cheval sur lui. Ils continuèrent à s'embrasser, se caresser jusqu'à ce que Zack s'empresse de lui enlever sa culotte.

— Si tu voulais, tu n'aurais pas besoin de cela non plus à l'avenir.

— Hum, je l'enlèverai chaque fois que tu me le demanderas, ce sera bien plus excitant comme cela non.

— Hum, oui bien d'accord.

Il enleva aussi son caleçon et fît chevaucher Maggie sur lui. C'était si bon pour Maggie, comment avait-elle pu négliger cela depuis sept ans. Elle ne s'était consacrée qu'à ses études et travaux après avoir été bernée par son copain du lycée.

Zack mit sa tête dans ses cheveux et lui chuchota à l'oreille.

— N'arrête pas s'il te plaît, c'est si bon de sentir ta chaleur sur mon corps.

— Oh! Zack, je ne crois plus vouloir ne jamais arrêter.

— Maggie je….je….je voudrais…ouf! Je ne suis plus capable de reprendre mes esprits, tu m'as ensorcellé. Maggie, je ne peux plus me retenir.

— Alors, montre-moi le septième ciel.

Leurs cris de joie s'unissaient. Maggie resta un moment sur le torse de Zack, et lui la serra encore fort dans ses bras, de peur de la perdre ou de perdre ce moment idyllique qu'ils venaient de vivre.

Maggie essayait de penser si Zack avait mis un condom, mais elle n'arrivait pas à se rappeler.

— Maggie, je ne crois pas avoir ressenti cela…si intense je veux dire, avec une autre femme.

— Moi non plus.

Après un silence

— Oh! Moi je voulais dire avec un homme.

— Ah! Ah! Ah! j'avais bien compris. Nous devrions nous habiller. Je vais te reconduire jusqu'à ta porte.

Quand Maggie le vit s'habiller, elle avait sa réponse. Il n'avait mis aucun condom.

— Tu sais Zack, depuis sept ans que je ne l'avais pas fait, et je crois que je n'attendrais plus tout ce temps-là…c'était si bon.

— Sept ans, moi qui croyais battre un record.
— Combien?
— Deux ans. Je suis presque gêné de te l'avouer.
— Dans ce cas, n'arrêtons pas.

Il l'a pris dans ses bras.

— N'arrêtons pas. Ne regardons plus vers l'arrière, mais allons vers l'avant, toi et moi.

Il l'embrassa tendrement, mais tous ses sensés se remirent en action. Il devait arrêter tout de suite, sinon ils étaient pour y passer la nuit.

Maggie sauta sur son cheval et elle fit signe à Zack de monter derrière elle.

— T'es sûre de ça?
— Oui, très sûre. Viens.

Zack embarqua à son tour et la prit par la taille. Maggie riait, elle sentait l'érection de Zack qui augmentait de plus belle.

— Y'a quelque chose dans le bas de mon dos…
— Ah toi! C'est de ta faute.
— J'aime bien chevaucher avec toi.
— Moi aussi, mais de l'autre manière aussi.

Maggie se laissa aller vers l'arrière et posa sa tête sur l'épaule de Zack. Il entreprit de l'embrasser et de la caresser.

— Je crois que je vais devoir appeler le docteur, je suis malade de toi.

— Hum, elle va te soigner, j'en suis sûre.

— Je crois que je vais devoir te raccompagner jusqu'à ta chambre aussi.

Maggie riait de cette réflexion.

— Et tes invités eux.

— Tu crois vraiment que maman veut me voir entrer malade à la maison. Je crois qu'elle dort et tous sont des adultes et moi aussi. J'ai le droit de sortir jusqu'à l'heure que je veux tu sais.

— Bonne raison pour te soulager dans ce cas.

Il lui prit les seins et continua à l'embrasser.

— Tu m'as fait cet effet, je parle de ton problème de dos, chaque fois que je t'ai vu.

— T'aurais vraiment dû consulter ton docteur avant chéri.

— Je verrai à ne plus jamais laisser aller à partir d'aujourd'hui, promis.

Il l'embrassa de nouveau et reprit ses caresses.

— Maggie.

— Je sais Zack, moi aussi j'ai envie de toi encore et encore. Chevaucher ensemble est merveilleux.

— Chevaucher a maintenant deux sens à mon oreille. J'aime les deux, du temps que c'est avec toi.

Le cheval connaissait bien son chemin. Maggie ne regardait plus du tout où il les conduisait, mais elle le savait.

— Maggie, je crois que je vais devoir prendre une douche très froide avant de pouvoir revenir chez moi.

Ils s'embrassaient et se caressaient de plus en plus quand ils arrivèrent aux abords de la maison.

L'écurie se trouvait de l'autre côté de la maison. Quand ils arrivèrent à la maison, ni Maggie ni Zack ne virent la voiture qui était stationnée dans l'entrée. Ils ne virent pas non plus les deux passages de la voiture qui se balançaient sur la véranda.

Le cheval s'était arrêté en face la porte. Maggie lui donna un petit coup et il continua jusqu'à l'écurie. Il descendit du cheval et firent l'amour dans l'écurie tant le besoin était intense.

Zoé qui avait demandé à Michaël d'aller avec lui pour voir si Zack était reparti à pied par le sentier, car depuis déjà trois heures qu'ils étaient partis et que Zack n'était pas revenu.

Zoé et Michaël les avaient regardé passer devant eux sans pouvoir dire un mot tellement la situation était cocasse.

— Je crois qu'ils ne ressortiront pas de cette écurie tout de suite et je n'attendrai pas ici pour en voir plus. Viens on rentre chez Zack.

— Bien d'accord avec toi. C'en était assez pour allumer n'importe quel homme ça.

— Arrête et dépêche-toi avant qu'ils ne s'aperçoivent que nous sommes là.

— Tu es assez rassuré maintenant que tu as vu ton jumeau chéri. Le grand méchant loup ne l'a pas mangé.

— Qui sait! Ils en ont pris du temps pour un si petit bout de chemin. Je crois que dix minutes de marche par le sentier sont certainement le maximum que cela prendrait.

— Oui, mais c'est bien toi la fautive. Tu lui as donné une bouteille de vin et deux verres pour regarder le coucher du soleil.

— Oui, mais le soleil, il n'est plus là et depuis quelques heures déjà.

— Bon, c'était quand même une belle distraction à voir non? Moi, je peux dire que c'était excitant.

— Ah Michaël! Essaie juste de penser où tu couches ce soir. N'oublie surtout pas que nous partageons une chambre pour les deux couples.

— Ah merde! j'avais oublié. Tu n'es pas gentille soeurette.

— Imbécile. Arrête de me faire penser à cela.

— Tu veux que j'en parle à Ted.

— Non! C'est moi qui vais leur raconter.

Zoé était toujours assez coquine envers Zack.

— Pouvez-vous croire que ni un ni l'autre ne nous ont vus. Ils sont passés à dix mètres de la véranda.

— Michaël regarda Zoé et tous deux se mirent à rirent.

— Ils étaient tellement épris dans leur baisé…et même plus.

— Continue Michaël, dis-nous tous.

— Disons que notre frère a les mains galopeuses sur un cheval.

— Michaël, si Zack venait qu'à entrer il t'entendrait.

— Maman je ne suis pas inquiet le moins du monde. Je crois qu'il sera occupé pour la nuit.

— Ah! mais c'est vrai. Si Zack ne couche pas ici, Ted et moi allons prendre sa chambre. Comme tu dis, nous ne le reverrons pas avant demain.

— Bon, bien bonne nuit les enfants et bonne chance si Zack entre cette nuit. Dieu merci nous avons la caravane et nous n'avons rien entendu de tout cela.

Ted n'était pas d'accord avec Zoé, mais il la connaissait trop bien pour savoir qu'elle ferait à sa tête.

— Tu ne crois pas que le risque est grand de prendre la chambre de Zack.

— Ne t'inquiète pas Ted, vient chéri, Zack n'entrera pas j'en suis certaine.

— Très bien… alors, nous avons le champ libre nous aussi.

— Oui c'est, justement à quoi je pensais. Nous pourrions prend un bain tous les deux.

— Bien d'accord, déniche-nous une bouteille de vin et je vais faire couler le bain.

— Après avoir pris un bain et fait l'amour dans la salle de bain de Zack, ils se retrouvèrent de nouveau enlacés dans son lit.

— C'est fascinant de faire l'amour ailleurs…et de devoir ne pas faire de bruit.

— Aucun danger pour nous, sa chambre est assez à l'écart des autres. Je veux dire qu'il n'y a pas de mur qui communique directement avec les autres chambres, mais tu t'imagines Michaël et Paige.

— Ah! ma Zoé, tu es si espiègle. Je vais devoir te punir pour cela.

— Hum. Tu me donnes juste l'envie de l'être plus.

Barbara avait monté un matelas gonflable pour pouvoir dormir dans la chambre des filles.

Maggie et Zack prirent une douche ensemble et continuèrent à faire l'amour jusqu'au petit matin.

— J'ai tellement aimé chevaucher avec toi.

— Zack la reprit dans ses bras.

— Ne dis plus ce mot devant moi à moins que tu sois tout disposé à me donner ton corps. Ce mot m'enflamme maintenant.

— Moi c'est plutôt quand tu dis que ça t'allume un peu trop.

— Hum, arrête Maggie, je dois y aller avant que ma maison se réveille et je ne pourrai plus retourner chez moi si tu continues.

— Attends-moi, je vais te seller un cheval et je vais prendre le mien. C'est à mon tour de te reconduire.

— Ça risque d'être un dangereux parcours.

— Non, tu dois vraiment y aller, alors nous avons à nous tenir tranquille.

— Facile à dire ça. Chaque matin depuis deux mois que je te vois à cheval et tu me fais de l'effet.

— Bonne raison pour commencer à se tenir tranquille avec les chevaux, car je vais chevaucher…..Oups aller à cheval toute ma vie. Cela fait partie de moi.

— J'aime tellement te voir galoper.

Arrivé chez lui Zack vit que la maison était encore endormie. Ils débarquèrent de cheval pour un dernier baisé. Zack laissa Maggie se réinstaller sur son cheval et lui tendit les rênes de son cheval.

Il commençait à marcher vers la maison et au moment où il se retourna pour regarder Maggie, celle-ci venait elle aussi de se retourner. Il lui fit signe de la main en la portant à sa bouche pour lui envoyer un dernier baisé avant de continuer leur chemin.

Il se dirigea sans faire de bruit dans sa chambre. Il n'alluma pas de lumière, car la lumière du jour commençait à entrer dans la chambre et il se dirigea directement dans sa salle de bain pour prendre une douche rapidement. Il voulait avoir le temps de prendre son café sur la terrasse avant que les filles et tous ses visiteurs se lèvent.

Il sortit de la douche, s'essuya et se dirigea vers son placard pour sortir son linge. En lançant son linge sur le lit, il réveilla les deux imposteurs qui étaient dans son lit. Zoé criait comme une perdue et Ted riant après son effet surprise.

— Ah Zoé merde! tu es la femme la plus méprisante que je connaisse.

Il était nu comme un vers. Zoé s'était déjà caché la tête sous les couvertures. Ted lui, il riait comme un fou et lui courrait pour retourner chercher son peignoir à la salle de bain.

— Ah toi Ted! tu n'es pas vraiment mieux qu'elle. Vous allez bien ensemble.
— Non Zack, je t'assûre que c'est sa faute.
— Il a capitulé après une seconde. Je savais très bien que tu ne reviendrais pas coucher ici.

Barbara frappait à la porte. Zack leva les deux mains dans les airs.

— Décidément!
— Zoé ça va, y a-t-il un problème?
— Félicitation, je suis sûre que tu as réveillé le village au complet…ma maison pour sûre.
— Non tout va bien Barbara, je suis désolée d'avoir crié…mais une bestiole laide, très laide m'a fait peur.

— Ah! ferme-toi Zoé, ferme-toi.

— C'est drôle chérie, mais je trouve que tu lui ressembles beaucoup à cette bestiole.

— Ah! Je ne parlais pas de son visage, méchant toi.

Zack revint dans la chambre après avoir fini de s'habiller et s'être préparé.

— Comment c'est arrivé ça?

Il montra son lit du doigt. Ted se leva, mit son pantalon et décida qu'il était temps pour lui de se sauver et vite.

— Je vais préparer le café moi.

— Oui c'est ça, lâche. Sauve-toi et laisse-moi avec homme qui était nu devant moi il n'y a que quelques minutes. Très drôle.

— Zoé, il n'est plus là. Il a quand même la façon de s'éclipser lui. Et aussi, l'homme nu ou la bestiole est habillé maintenant. Comment as-tu su que je ne reviendrais pas coucher?

— Bien…tu sais la phobie de te perdre qui me prenait quelquefois quand nous étions jeunes?

— Oui, tu atterrissais dans mon lit. Nous sommes un peu dépassés sc temps là Zoé, et Ted là-dedans.

— Non c'est pas ça. Quand j'ai vu hier soir que tu ne revenais pas et bien je m'inquiétais, car tu devais prendre un chemin dans un bois que tu ne connaissais pas. Alors j'ai demandé à Michaël de venir avec moi pour demander à Maggie à quelle heure tu étais parti, c'est tout.

— Non c'est pas vrai ! Zoé a notre âge, t'as pas fait ça. Michaël a embarqué dans ton jeu en plus. Ah! qu'il est naïf. J'aurai tout vu avec toi. En plus, on ne vous a pas entendu sonner ou frapper.

— Bon très bien je t'explique. Michaël et moi t'attendions sous le porche de Maggie. Mais quand vous êtes finalement arrivé, vous ne nous avez pas vu…ni un ni l'autre d'ailleurs.

Zack essayait de se remémorer cet instant.

— Ah! Zoé, Zoé.

— Vous étiez beaucoup trop absorbés. Quand nous nous sommes rendu compte que finalement vous ne ressortiez plus de l'écurie par la suite, nous avons décidé de nous éclipser en douce sans vous déranger. À ce moment-là, je savais bien que tu ne reviendrais pas avant le lendemain. Mais je ne me doutais pas que tu reviendrais en douce avant le lever du soleil.

— Quelle horreur! Vous vous êtes régalés du spectacle, je me redonne en spectacle devant toi ce matin…et tu as gâché mon temps seul sur ma terrasse avec mon café. La période de la journée que j'adore le plus. Pauvre Ted, il a épousé la plus chipie des femmes.

— Ah! Ah! Ah! Zack, n'exagère pas. Ted aime éperdument, à la folie sa chipie, comme tu dis. Mais Zack.

— Quoi, ne me dis pas que vous êtes venu nous épier dans l'écurie hein!

— Non. Je voulais juste te dire que le spectacle que vous nous avez offert sur le cheval était une des plus belles scènes d'amour que je n'avais jamais vues.

— Merci, je crois vraiment l'avoir dans le sang celle-là. Bon maintenant vite. Le soleil n'a pas fini de se lever, alors pour ta punition, je te donne deux secondes pour venir me rejoindre sur la terrasse. Alors de ma chambre.

— Sors de ta chambre, je n'ai pas l'intention de me donner en spectacle comme toi.

— Ah! Ah! Ah!

Zack n'en revenait pas, en arrivant sur la terrasse, tous étaient là, à l'exception de ses parents qui dormaient toujours dans leur caravane.

— Moi qui croyais être seul sur ma terrasse ce matin.

— Oui, le réveil a été très brutal avec le cri perçant de Zoé.

— Zoé arrivait avec un grand sourire, son café à la main.

— Hé! On parle de moi ici.

— Tu vois ce que tu as fait mon amour.

— La faute de la bestiole.

Zack lui donna une tape sur la cuisse.

— Aye!

— Je suis quand même très content de pouvoir partager ce moment avec vous tous.

— Emmanuël regardait son frère et souriait.

— Moi, j'aurais voulu être là pour vous voir crier comme des épouvantails tous les trois.

Il imita Zoé qui criait avec les mains en l'air. Ted

regarda Emmanuël avant de rire aux éclats.

— Ce n'est pas ce qu'elle a fait du tout, elle a plutôt
filé sous les couvertures pour ne plus voir la bestiole.
— Amélia venait de comprendre.
— Ah non! Ne me dites pas que la bestiole est...
Ah! Ah! Ah!
— Chérie, ne me dis pas que tu n'avais pas
compris.
— Je croyais que la bestiole était Zack tout
simplement.
— Tout simplement oui. Je vous ferais tous
remarquer que c'est ma chambre, qui était censée être
vide. Alors j'avais tous les droits d'être nu.

Les filles accoururent vers Zack. Il les installa sur ses
genoux en remerciant Barbara pour avoir passé la nuit
avec eux.

— C'est toujours un plaisir Zack, tes filles sont
merveilleuses. Mais je dois dire que le réveil surprenant.
— Si je comprends bien, tu t'en amuses aussi.

Il lui fit un sourire.

— Zack.
— Oui Barbara.
— Je suis si contente pour Maggie et toi. Vous êtes
si bien assortis.

Zack avait maintenant un large sourire sur la figure.

— Merci, je le pense aussi.
— Hé! Regardez qui arrive, c'est Maggie.

Zack alla l'accueillir avec ses filles. Il lui donna un rapide baisé. Elle embrassa les filles et Zack lui en donna une.

— Je te la prête. Mais qu'est-ce que tu fais ici toi?

Il lui fit un clin d'oeil.

— Zoé m'a appelé au secours. Elle était certaine que tu étais pour l'étriper. Alors je suis là pour la soigner…au cas où tu l'étriperais.
— C'est mon coeur que tu vas devoir soigner.

Ils allèrent s'installer avec les filles pour voir le soleil se lever sur la mer.

— Chut, nous allons manquer le spectacle, regarder ça commence.

Ils regardèrent le lever du soleil ensemble. Le spectacle était merveilleux, mais Zack regardait Maggie lui, avec Zackarianne sur ses genoux et Zoyanne sur les siens. Michaël donna un coup de coude à Emmanuël et lui fit signe de regarder Zack. Emmanuël et Michaël souriaient. Ils firent signe aux autres et plus personne ne regardait la mer, mais Zack et Maggie avec les filles sur leurs genoux.

Quand l'agitation revint, Ogan prit la parole.

— Quel beau spectacle que ce lever du soleil et je dois avouer que l'extra était aussi beau à voir.

— Quoi tu étais dans ma chambre aussi… impossible. Ah! Ah! Ah!, mais de quoi tu parles Ogan?

— Non je n'étais pas dans ta chambre ce matin et je n'aurais pas voulu y être, contrairement à Emmanuël qui voulait y être. Je parlais de ton admiration que tu avais dans ton regard en regardant la belle Maggie et tes filles. Le portrait était merveilleux, tout aussi que le lever du soleil.

Tous s'accordèrent à être de cet avis.

— Ah toi Ogan! mon beau parleur. Ta famille est toute aussi belle à regarder.

— Ogan lui souria et embrassa Amélia. Zack regarda Maggie et pointa un doigt en direction d'Amélia.

— Maggie, tu sais qu'on la croyait tous sainte cette enfant.

Amélia souriait.

— Hum, je le suis pour certain, mais pas tous. Puis vous savez c'est juste depuis qu'Ogan est entré au bureau un beau matin.

Zack se tourna vers Maggie.

— Maggie, j'aimerais beaucoup que tu restes déjeuner avec nous. Tu n'as pas vraiment le choix, car je crois aussi que je vais avoir besoin d'un médecin. Ma soeur fait des complots avec la femme que j'aime et ça me brise le coeur.

Maggie l'embrassa.

— Avec plaisir.
— Bon! Aux fourneaux, je dois nourrir tout ce beau monde.
— Venez les filles, nous allons aider à papa à faire le déjeuner.
— Oui, oui.

Il avait dit la femme que j'aime. Elle lui sourit.

— Moi je crois que si ça te va Zack, je vais mettre un peu de musique.
— Certainement, sans problème.

Zoé se dirigea vers la chaîne stéréo et choisit un CD de Bruno Mars et choisit la chanson I think I love you.

Zack arrêta de bouger et se retourna pour regarder sa soeur. Ils riaient tous. Alors il se tourna vers Maggie.

— Imbattable cette fille, elle n'arrête jamais.
Maggie je suis désolé elle pourrait faire honte à son
propre frère sans ménage.

— Attention, mon chéri, je ne voudrais pas utiliser
ma trousse aujourd'hui, la journée est trop prometteuse
pour être une des plus belles.

Il la prit dans ses bras et lui donna un baiser
passionnant. Sa famille se mit à taper dans leurs mains.

— Arrêtez.
— J'ai une faim de loup, tu le fais ce déjeuner
Zack.
— Zoé!
— Moi aussi j'ai faim, j'ai travaillé toute la nuit.
— J'espère que vous n'avez pas travaillé seule
docteur.
— Ah! Si vous saviez monsieur.

Une chaleur qu'elle reconnut s'installa au creux de
son ventre. Elle réalisa qu'elle était amoureuse de lui, de
ses filles, de sa famille, elle aimait tout autour de cet
homme. Comment était-il possible d'être amoureuse en
si peu de temps. Le coup de foudre existerait donc. Elle
le voulait à nouveau en elle, être à lui, lui appartenir, se
prélasser sur sa poitrine. Elle le voulait dans son lit
comme hier, chaque soir.

Elle devait se reprendre, elle allait lui faire peur ou
passer pour une fille non responsable ou encore en trop
grand manque de sexe. Et quel homme se plaindrait
d'une femme en manque.

— Hum!

Zack souriait comme un enfant, il était si beau.

Sa famille repartir durant l'après-midi et Barbara décida d'apporter les filles à la plage.

— La plage! J'ai eu une très mauvaise expérience avec ma belle Zoyanne là, t'es sûre que tu veux vraiment les apporter à la plage.
— Ne t'inquiète pas Zack. Je vais être très vigilante et j'ai un très bon médecin qui peut accourir à tout moment.

Maggie souriait et acquiesça d'un signe de tête.

— Bon, je te fais confiance Barbara. Amusez-vous bien les filles.

Barbara partit avec les filles. Zack regarda Maggie, ils étaient enfin seuls de nouveau.

Il la prit par la taille et l'embrassa tendrement, puis descendit dans son cou et lui chuchota à l'oreille.

— Tu veux faire quelque chose.
— Oui, chevaucher avec toi.

— Hum, j'espère que tu ne parles pas de cheval, car je n'aurais pas le temps d'attendre tout ce temps. Viens je vais te faire visiter ma chambre, tu ne l'as pas vu encore.

Ils passèrent le reste de l'après-midi à faire l'amour. Ils prirent une douche avant le retour des filles. Zack donna congé à Barbara pour la soirée et la nuit.

— Toi par contre, je n'ai vraiment le goût de te donner congé. Tu restes avec nous pour souper? Après je vais donner le bain à mes poissons préférés, ensuite nous aurons la soirée pour nous.
— Zack, tu es terrible. Je n'ai rien fait de tout le weekend à cause de toi et je fais des études par correspondance et j'avais un travail à terminer pour mardi.
— T'as aimé par contre hein!
— Hum oui, je recommencerais tout de suite. Mais la vie m'appelle ailleurs malheureusement.
— Bien je comprends, même si je ne suis pas d'accord. Après le souper, promis je te laisse aller. Tu étudies pourquoi dis-moi?
— En gynécologie.
— Ah! c'est bien ça.

Il la prit dans ses bras et l'embrassa.

— Malheureusement, je ne peux pas t'aider de ce côté.
— Non, mais attends que tes filles aient quinze ans.
— Aaaaaaaaaaaa non, ne me dis pas ça.

Ils préparèrent le repas et pendant que Zack s'occupait du repas principal, Maggie prépara une assiette de crudités pour les filles et elle les installa par terre près d'eux pour pouvoir aider Zack.

Zack l'embrassait chaque fois qu'il passait près d'elle.

— Tu fais exprès pour retarder le repas ou quoi.
— Hum…ça pourrait être ça aussi.

Ils se regardèrent dans les yeux tout en ayant chacun leur propre pensée, mais qu'ils se rejoignaient.

— Tu sais, quand ma maison sera complètement terminée, je crois que je devrais prendre Barbara ici à temps plein. Qu'en penses-tu toi qui la connais bien?
— Je crois qu'elle adorerait. Quand elle travaillait pour les Thomson, elle y habitait régulièrement. Elle avait toujours une journée de congé incluant une nuit, par semaine. Elle le passait chez moi. Ça lui évitait de payer un loyer pour une journée par semaine et je l'aime bien, c'est une très bonne amie.
— Je pourrais lui offrir la même chose. Si cela lui convient. Je la paierais bien, elle le mérite. Les filles l'adorent. Mais…si elle accepte, je lui donnerai volontier le moniteur de nuit.
— Ah! Ah! Ah! C'est bien les hommes ça.

Les semaines passèrent et ils se voyaient le plus

souvent possible. Tout allait bien.

Pour Maggie par contre, même s'ils n'avaient fait l'amour qu'une seule nuit sans condom, elle savait très bien ce que cela voulait dire. Elle aurait déjà pu savoir si elle était enceinte. Son esprit la défendait de réagir. Elle avait peur de détruire le bonheur qu'elle vivait avec Zack.

Quelques mois plus tard, quand la maison de Zack fût terminée, il installa un parc de jeux pour les filles dans un espace clôturé. Barbara avait son espace personnel, il ne lui manquait qu'une chose pour essayer d'avoir Maggie plus souvent à son côté...l'écurie, mais il se devait d'attendre un peu.

Un soir, Zack entendait l'une des filles pleurer comme il passait devant leur porte. C'était Zackarianne, Barbara la berçait, mais elle n'arrivait pas à la calmer. Zack la prit dans ses bras.

— Tu sais ce qu'elle a Barbara?
— Je crois qu'elle perce une dent. Je viens de lui donner des médicaments pour sa fièvre.
— Elle fait de la fièvre?
— Oui, c'est normal Zack quand les enfants font leurs dents.
— Je vais la prendre avec moi dans mon lit et je vais appeler Maggie sans vouloir te vexer.
— Non, je te comprends parfaitement.

Barbara retourna dans ses appartements et elle souriait. Il était tellement mère poule avec ses filles. Cela lui donnait aussi une excuse pour appeler Maggie.

— Salut Chérie, désolé de te déranger. Je sais que tu avais des études ce soir, mais Zackarianne a de la fièvre et Barbara lui a donné les médicaments nécessaires. Elle dit qu'elle fait probablement une dent, mais j'aimerais beaucoup mieux m'en assûrer.
— Maggie pinça les lèvres pour qu'il ne s'aperçoive pas qu'elle souriait. Elle pensait exactement comme Barbara.
— Zack, je suis médecin avant tout. J'arrive.

Elle ne lui laissa même pas le temps de répondre, elle prit ses bouquins pour ses études et sa trousse et parti.

— Où est notre petite princesse.
— Zack l'a prise dans sa chambre.

Elle alla les rejoindre dans la chambre de Zack. Il était couché avec Zackarianne sur son torse.

— Elle pleure toujours, elle n'arrête pas.
— Oui nous allons l'aider un peu.

Elle prit un tube gel de sa trousse et en appliqua sur les gencives de Zackarianne. Cinq minutes plus tard, elle était en train de s'endormir sur le torse de Zack. Quel beau portrait. Elles les aimaient tellement.

Zack l'installa au milieu du lit et alla chercher le sac de Maggie avec ses livres pour ses études, il y avait deux valises. Il sourit, elle restait pour la nuit.

— Qu'est-ce que tu lui as fait, de la magie?

— Zackarianne fait effectivement des dents. Ceux de l'arrière sont un peu plus soufrante. Alors je lui ai mis du gel qui les aide un peu en gelant les gencives.

— Tu pourras m'en prescrire, parce que j'ai bien peur d'avoir deux filles à faire des dents en même temps, grrrrrrrrrrr, quel horreur.

— Je te le donne, ce n'est rien.

— Merci.

Il la prit dans ses bras et lui chuchota à l'oreille en l'embrassant dans le cou.

— J'ai vu que tu avais apporté une petite valise. Est-ce que tu restes pour la nuit?

— Oui, je vais emprunter ton bureau pour finir mes études.

Il continuait à l'embrasser dans le cou.

— Et tu crois que le médecin doit prendre une douche après avoir si bien pris soin de sa petite cliente.

— Moi qui croyais étudier.

— Après bébé, après…viens. Si tu préfères, je peux te faire couler un bain.

— Hum, tu me tentes. Ce sera avec toi et un bon verre de vin.

— Absolument. Je crois que Zackarianne dormira bien pour faire plaisir à son papa.

— Oui et nous allons l'entendre si elle se réveille.

— Bien, je fais couler le bain et tu vas chercher le vin.

— Avec grand plaisir.

— Maggie.

— Oui chéri.

— Pourquoi j'ai entré tes livres pour étudier dans ma chambre?

— Tu vois ce que tu me fais. Je le savais bien.

Le lendemain, ils se réveillèrent en sursaut, car Barbara cognait à la porte et il n'était que 5h00.

— Zack, Zackarianne n'est pas là. Tu l'as avec toi.

— Maggie et Zack regardèrent l'amour toute rose qui dormait entre eux et ils se sourirent.

— Oui elle est avec nous. J'entends mon autre demoiselle, tu peux la faire entrer.

Maggie regardait toujours le portrait de cette famille comme si elle n'en faisait pas partie, mais ce matin elle voulait à tout prix être leur maman, sa femme, les aimer pour la vie. Elle ne put retenir ses larmes tellement son coeur voulait cette place pleine d'amour.

Elle essaya de reprendre son sang froid et se promit de passer un coup de fil à Zoé cette semaine. Elle réalisait que la vie était sur le point de changer pour elle. Elle devait savoir ce qui s'était passé avec la mère des filles. Maggie se devait d'avoir ces réponses sur le couple qu'avait été Zack et leur mère pour pouvoir le comprendre et savoir s'il était vraiment prêt pour une autre aventure stable et pour la vie. La seule chose qu'elle savait de la mère des filles était qu'elle était morte.

Elle devait aussi faire un test de grossesse. Elle savait très bien qu'elle aurait pu faire ce test depuis longtemps, mais que c'était sa peur de perdre Zack ou de le décevoir. Maggie savait très bien intérieurement et par le changement de son corps qu'elle était enceinte, mais avant d'en parler à Zack, elle devait avoir la confirmation avant d'entreprendre quoi que ce soit.

Le test se révéla positif. Maggie annonça à Zack qu'elle était pour rester deux jours à Vancouver cette semaine au lieu d'un aller-retour comme à l'habitude.

— Où loges-tu quand tu dois faire plus d'un jour à l'hôpital?
— Je ne fais qu'un jour à l'hôpital comme à l'habitude, mais je vais rester, car le jeudi je vais faire du magasinage et je dois te dire que je vais rejoindre Zoé et Amélia pour dîner. Alors je vais me prendre une chambre à l'hôtel.

Zack regarda Maggie.

— Pourquoi j'ai soudainement l'impression que vous les filles complotez encore quelque chose…hum. Ma soeur est la pire qui soit, ne te laisse pas avoir.

— Ah! Ah! Ah! Tu vas devoir t'y habituer au complot féminin, tu as deux filles.

Zack leva les yeux au ciel.

— Oh! mon Dieu! faites qu'elles ne soient pas comme ma soeur Zoé. C'est un coup bas que tu me fais là. Ne me décourage pas tout de suite. Laisse-moi encore rêver, elles sont toutes petites.

Il la prit dans ses bras et l'embrassa. Il lui chuchota à l'oreille.

— Je te donne la permission de comploter, mais juste si ça nous concerne toi et moi. Je t'aime Maggie.
— Je t'aime aussi Zack. Je suis si bien dans tes bras.

Il l'embrassa de nouveau et Maggie avait une larme qui lui coula sur la joue.

— Tu pleures bébé.
— Ce n'est que de la joie chérie.
— Alors moi aussi je pleure. Je t'aime.

Il la serra plus fort dans ses bras.

— Je voudrais te garder toujours dans mes bras. Hé! Tu sais ce que je suis en train de penser?

— Non, dis-moi Zack.

— Quels jours dois-tu te rendre à Vancouver.

— Mercredi et jeudi.

— Parfait, je regarde mon agenda et si c'est possible, tu voudrais que j'aille avec toi? Je devais déjà me rendre mercredi aussi pour la cour, mais si je n'ai rien jeudi, j'aimerais bien y aller aussi.

— Ce serait bien, mais toi que feras-tu jeudi?

— Je vais travailler ou je ne sais pas. Mais par contre, je veux que tu prennes tout ton temps, je vais t'attendre.

— Merci.

— Et ne prends surtout pas de chambre, mes parents ont plus qu'un hôtel.

— Tu crois qu'ils apprécieront que j'aille dormir chez eux?

— Mais oui, que dis-tu là, ils t'adorent déjà.

— Super, je te remercie mon chéri.

— C'est un plaisir pour moi, pas pour toi.

— Tu pourras aussi me déposer jeudi matin à la location de voiture.

— Non, tu prendras la mienne.

— Et toi?

— Aucun problème. Mon père a quelques voitures que j'aime beaucoup. Il va m'en prêter une.

— Ah! bon. Tu es sûre que tes parents…

— Chut! Plus un mot.

Il l'embrassa pour la faire taire.

— Je vais aviser Barbara…Ah! Mais je ne pourrai pas l'amener, je n'aurai pas assez de place dans la voiture pour nous quatre, les bagages et elle.

— Je peux…

— Non, non. Tu sais, je crois, qu'avec les filles et leurs multiples bagages, je vais devoir sacrifier ma voiture pour une vagonnette. Je sens que ma jeunesse s'envole petit à petit.

— Ah! Ah! Ah! moi qui croyais avoir à faire à un homme.

— Oui, pour toi je suis un homme, un homme qui t'aime.

Il était temps de tourner la page sur certaines choses de sa vie qu'il ne pourra jamais retrouver. Il regarda Maggie se préparer et pensait que cela en valait la peine. Il l'aimait vraiment comme jamais il n'avait aimé une femme.

— Je t'aime aussi Zack. Plus que tout au monde. Toi et tes filles.

— Merci…merci d'inclure mes deux autres amours.

— Alors pour Barbara.

— Nous ne l'amènerons pas pour cette fois.

Zack déposa Maggie à l'hôpital et se rendit chez ses parents. Il leur annonça que Maggie viendrait passer la nuit avec eux. Il discuta avec son père de son urgence de changer de voiture.

— Johannie, tu peux garder les filles. Zack et moi allons voir pour une nouvelle voiture…familiale pour notre garçon. Ah! Ah! Ah!

— Tu t'en amuses bien hein.

— Qui aurait cru que Zack achèterait une voiture familiale!

— Je ne croyais pas non plus, vous savez. Mais je suis si heureux d'avoir à faire cet achat. Je suis si comblé aussi depuis que Maggie est avec moi.

— Pour des surprises mes garçons, je crois que tu n'es pas battable.

— Je vais le prendre pour un compliment suffit que ce sont de bonnes surprises.

— Oui, nous en sommes heureux aussi ta mère et moi. Il est aussi facile de voir que Maggie t'aime beaucoup.

— Oui, je le crois sincèrement. Papa, je sais que Ogan avec Amélia, les choses se sont fait vite, car Amélia attendait un enfant. Ils se connaissaient un peu quand même, car elle était à votre service depuis longtemps. Tu crois qu'un couple peut se sentir assez amoureux après quelques mois pour savoir qu'ils veulent vivre ensemble pour toujours?

Johannie et Frédérick se regardèrent et répondirent en coeur.

— Oh! Oui mon garçon.

— C'est ce qui nous est arrivé à ton père et moi. Penses-tu agir en ce sens?

— J'aimerais, j'ai peur d'aller trop vite pour elle, mais je sais que je pourrais aussi l'attendre le restant de mes jours.

— Zack, Maggie vous aime tous les trois.

— Vous savez…la première fois que nous avons hum…bien vous savez ce que je veux dire. Ni un, ni l'autre nous étions protégés, mais rien ne pouvait nous arrêter. Je m'étais bien dit qu'après la naissance des filles, une chose pareille ne m'arriverait jamais plus. C'était si fort, je n'avais jamais ressenti ça.

— Maggie est enceinte?

— Je ne sais pas, elle ne me l'a pas dit si cela est le cas. Mais je dois être devenu fou…car je l'espère. J'ai le sentiment que je pourrais la garder comme cela.

— Bon mon gars, arrête là. Tu es en amour par-dessus la tête. Tu as besoin de cette voiture aujourd'hui ou l'an prochain?

— Mon chéri, tu as aussi besoin d'une bague.

Zack regarda sa mère et lui sourit en sortant de la maison. Il lui cria.

— Je crois que tu as raison maman.

— Bon j'étais partant pour l'auto, mais là! Une bague. Ne me traîne surtout pas au supermarché pour des couches de bébé.

— Ah! Ah! Ah! non papa. L'auto et la bague, promise.

— Aujourd'hui tu achètes la bague et moi je paye pour la fourgonnette. Et je le fais pour les filles et non pour toi.

— Merci papa, c'est gentil de me gâter.

Il sourit à son père.

— Je vais demander la main de Maggie samedi. Tu crois que maman pourrait faire les arrangements pour un repas familial?

— Mais oui, elle adore cela.

Un silence se fit dans la voiture.

— Et si elle disait non. Elle trouvera peut-être cela trop tôt. Elle pourrait ne pas aimer que je lui demande devant ma famille, elle sera peut-être mal à l'aise ou…

— Arrête, tu m'essouffles. Suis ton coeur Zack et ne t'inquiète pas. Son coeur parlera pour elle aussi.

— Bien, très bien.

Zoé, Amélia et Maggie allèrent dîner ensemble le lendemain. Maggie en profita pour poser toutes les questions auxquelles elle avait besoin de réponses.

Revenue chez elle, elle voulût prendre une nuit seule pour penser à toute l'information qu'elle avait reçue et penser à sa condition. Elle pleura toute la nuit. Pas question pour elle d'envisager un avortement. Quand il connaîtrait sa famille en comparaison à la sienne, il ne voudrait peut-être plus d'elle. Ils étaient indiens pur sang ouin! Ils ne voulaient rien savoir de la civilisation, ils vivaient dans les bois très loin de tous. Sa mère n'était même jamais sortie de son village. Comment allait-elle lui apprendre ça.

Maggie avait décidé de partir de chez elle à l'âge de douze ans. Elle avait demandé à des touristes qui passaient de l'amener à Vancouver. Ils avaient refusé s'ils ne pouvaient parler à ses parents. Maggie se rendit vite compte après plusieurs demandes que tous lui répondaient la même chose. Alors le dernier couple à qui elle a demandé, elle tenta sa chance et les amena chez elle. La maison n'était que bouts de planches et des restants de toute chose. C'était sa maison.

Maggie appréhendait cette demande, la honte d'amener ces gens chez elle, mais quand elle voyait les touristes passer chaque année, elle rêvait d'être propre comme eux. Juste cela, comme elle ne connaissait rien en dehors du village, ses rêves s'arrêtaient là.

Maggie avait expliqué à ses parents pourquoi les gens étaient là, car elle voulait partir avec eux et se rendre à Vancouver. C'était la seule ville dont elle avait entendu parler. Ceux-ci dire oui sans aucune réaction. Ils se retournèrent et envoyèrent la main sans se retourner vers elle.

Arrivée à Vancouver, quand le couple lui demanda à quelle adresse elle devait se rendre et qu'elle n'avait aucun endroit précis en vue. Ils se rendirent compte de leur erreur ayant cru que Maggie voulait un moyen de transport pour se rendre à Vancouver chez une connaissance. Elle était seule à douze ans dans une ville comme Vancouver. Il était trop tard pour l'amener au service social le soir même, alors la dame décida qu'ils prendraient un repas au restaurant et qu'ensuite, ils l'amèneraient coucher chez eux. La dame lui fît couler un bain et lui prêta une robe de nuit. C'était le premier bain de Maggie et la première robe de nuit. Maggie était intelligente même si elle n'avait que fréquenté l'école du village.Elle était très respectueuse. Elle remerciait toujours.

Le couple qui n'avait jamais eu d'enfant décida de prendre une chance en discutant avec les services sociaux et de prendre sur essai pour un certain temps. Maggie n'était jamais repartie. Ils l'avaient adopté et lui avait payé toutes ses études de médecine. Elle avait eu beaucoup de chance et les remerciait pour cela.

Être enceinte sans mariage était pour elle de décevoir tous ceux qu'elle avait tant. Mais son coeur ne pouvait se résoudre à enlever la vie quand elle-même faisait tout pour en sauver. Il était en lui et elle l'aimait déjà. Elle se prit le ventre à deux mains.

— Je t'aime tellement déjà mon amour. Tu sais, tu as deux demi-soeurs…des jumelles. Tu seras un joli bébé aussi beau qu'elles le sont. Je souhaite de tout mon coeur que tu puisses les connaitre.

Barbara voyait bien que Maggie avait quelque chose. En voyant que Maggie ne resta pas le soir même, elle décida d'aller discuter avec Zack.

— Puis-je te parler Zack?
— Bien sûre. Allons-nous asseoir au salon.
— Écoute Zack, tu sais que Barbara est ma meilleure amie.
— Oui.

— J'ai remarqué qu'elle avait perdu du poids. Elle me dit toujours que tout va bien, mais je sais très bien qu'il y a quelque chose qui cloche. Elle est médecin, alors elle doit sûrement savoir ce qu'il ne va pas chez-elle. Mais je suis inquiète, je n'ai qu'elle dans la vie, elle est comme une soeur, tu vois.

Zack devint pâle. Il pensait à la mère de ses filles qui était décédée du cancer.

— Barbara, tu crois vraiment qu'elle est malade et qu'elle me le cache?
— Je ne sais pas Zack. Je ne vois pas ce qui ne va pas. Elle t'aime, elle adore les filles, alors tout devrait aller bien non. Elle a perdu du poids et elle est toujours perdue dans ses pensées. Je la croyais surchargée avec son cabinet, ses études, toi et les filles en plus de ses journées à l'hôpital. Mais…
— Mais quoi Barbara?
— Sans épier dans ses choses, la semaine passée j'ai vu une lettre chez elle qui disait qu'elle avait arrêté ses études par correspondance depuis un mois déjà.
— Ah non!

Zack mit son visage dans ses deux mains.

— Oh mon Dieu! faites qu'elle n'a rien de grave.
— Désolé Zack, je ne voulais pas t'affoler. Je croyais que tu aurais pu me rassûrer.
— Non je ne sais pas, mais je vais le savoir. Tu pourrais veiller sur les filles? Je vais aller discuter avec elle.

— S'il te plait, ne lui dis pas…

— Ne t'inquiète pas, je ne lui parlerai pas de notre discussion. Ah! Je ne suis qu'un imbécile. J'aurais dû me rendre compte que quelque chose n'allait pas.

Zack frappa à la porte de Maggie. Elle ne répondait pas.

— Maggie s'il te plaît répond moi, je sais que tu es là.

— Elle ne voulait pas lui ouvrir, elle pleurait toujours. Elle réalisait que le moment était venu de lui en parler.

— Chérie, ouvre-moi. Je ne pourrai partir sans t'avoir parlé. Tu veux que je dorme sur le porche. La nuit est un peu fraiche, tu sais. Tu m'ouvres.

— Elle souriait. Zack était le seul à pouvoir toujours la faire sourire en tout temps.

— Zack…je ne peux pas t'ouvrir tout de suite.

— Tu pleures! Nous devons parler Maggie, ouvre-moi chérie.

Elle lui ouvrit, elle savait très bien qu'elle ne pourrait retenir ses larmes en le voyant. Il la prit tendrement dans ses bras.

— Tu es malade chérie?

Soudainement Maggie repensa à ce que Zoé lui avait dit d'Avril, la mère des jumelles.

— Ah non Zack! Désolé de t'avoir affolé. Je ne suis pas malade.

— Tu as pourtant perdu du poids…et tu pleures. Dis-moi s'il te plait, dis-moi Maggie je t'aime tant.

— Zack, je ne sais pas comment te le dire, mais… Hum, ma perte de poids est tout à fait normale dans ma condition. Hum, je…je suis enceinte. Déplorable pour un médecin non?

Zack la regarda avec ses beaux grands yeux et un sourire à lui fendre la figure.

— Ta condition?
— Ça te fait rire.

Maggie le repoussa. Elle ne comprenait pas s'il riait de joie ou s'il était sarcastique parce qu'il était fâché.

— Hé! reviens ici. Je suis si content que tu ne sois pas malade. Pour ce qui est de la grossesse…ne t'inquiète pas Maggie…je t'aime tellement mon amour. Cette grossesse, nous étions deux à très bien savoir le risque que nous avons pris la première fois. Nous l'avons fait dans l'amour cet enfant Maggie et nous nous aimons toujours, alors il n'y a pas de problème.

Il la tenait contre lui et la berçait tendrement.

— Je t'aime aussi Zack.
— Ne pleure plus. Je suis prêt à avoir même plusieurs enfants avec toi.

— Oh Zack! Si j'avais su que tu prendrais ça si bien.

Ils firent l'amour et ensuite Zack profita d'une minute pour aller texter à Barbara que Maggie allait bien et qu'il était pour lui donner plus de détails plus tard dans le lendemain. Ils restèrent longtemps enlacés à discuter cette nuit-là. Maggie décida de lui parler de son enfance, plus spécifiquement l'année de ses douze ans et comment elle s'était retrouvée à Vancouver.

— Tu crois que ta famille doit savoir?
— Ça n'a aucun rapport Maggie qu'ils sachent ou pas. Cela ne changera jamais rien à l'amour que nous avons l'un envers l'autre. Et puis la famille d'Amélia… c'est un peu comme toi tu sais. Elle n'a jamais revue sa famille après son départ de chez elle. Amélia est merveilleuse, pleine de tendresse. Elle et Annabella font partie de notre famille maintenant. Ah! Aussi je viens de penser que Amélia et Ogan se sont mariés quand elle était enceinte…mais ils s'aiment et voilà l'importance.

Zack avait toujours la bague dans sa poche. Il n'avait pu se résigner à la ranger dans un tiroir jusqu'au samedi suivant. Il alla la chercher dans son veston. Il se mit à genoux sur le lit et ouvrit la boîte. Maggie souriait maintenant en le regardant à genoux, tout nu devant elle qui était aussi nue. Il n'y avait que Zack pour faire une chose pareille.

— Chérie, bébé ou non je voulais te demander en mariage samedi devant ma famille, mais voilà…je t'aime Maggie, je t'ai vraiment dans la peau…tu veux bien m'épouser?

— Maggie lui sauta au cou, elle l'embrassa et les larmes recommencèrent.

— Oui je t'aime Zack, je t'ai aussi dans la peau…et une partie de toi dans mon ventre.

Il la serra fort contre lui.

— Regarde ta bague Maggie. Le plus gros diamant est pour nous et les deux petits de chaque côté sont pour mes filles. Nous en ferons ajouter un quand notre enfant naîtra.

Maggie pleurait de joie. L'homme qu'elle avait devant, dans ses bras, était merveilleux et attentionné.

— Alors je t'épouse avec tes filles Zack, je les aime tant.

Zack mit la bague au doigt de Maggie et ils refirent l'amour jusqu'aux petites heures du matin.

— Zack, c'est à cause de ce qui est arrivé à Avil que tu as eu si peur?

— Hum, y'a d'la Zoé dans cette phrase. Oui, je ne veux pas qu'il t'arrive quoi que se soit.

— C'est moi qui ai demandé à Zoé de m'en parler. Tu sais, tu ne dois pas t'inquiéter. Ce n'est pas sa grossesse qui a fait ça. C'était en elle déjà avant la grossesse. J'ai demandé à pouvoir consulter son dossier à l'hôpital. Il était aux archives depuis peu, alors cela n'a pas été un problème. Elle avait le cancer avant de tomber enceinte. Les tests le montraient. J'ai même discuté avec le médecin qui l'a soigné. Il m'a dit qu'au moment de lui en parler, elle l'a devancé en lui disant qu'elle était enceinte. Mais il était trop tard pour lui suggérer d'avorter dans ses conditions, il a préféré attendre après la grossesse.

— Cela veut dire qu'elle a conçu les filles avec…

— Attends Zack. Le médecin m'a aussi dit qu'il n'y a pas de chance pour que cela ait affecté les filles.

— Ah! merci Maggie. Si tu savais combien de fois je me suis posé cette question. Maggie promets-moi de ne jamais te négliger et je voudrais prendre soin de toi.

— Promit Zack. Je t'aime.

— Hum, je crois que je vais être ton médecin pour quelque temps.

Maggie pouffa de rire.

— Quelle vie prometteuse. Tu me surprendras toujours Zack. Que me prescrit le docteur Mezzo?

— Beaucoup…beaucoup d'amour. Tu laisses ta maison à Barbara pour ses journées de congé et ses vacances. Tu emballes tes choses et tu viens vivre avec nous…qu'en dis-tu?

Il la regarda dans les yeux avant de l'embrasser et d'ajouter.

— Toujours me laisser t'aimer aussi. Je veux te faire l'amour encore et encore.

— Quoi Zack, tu veux que Barbara vienne habiter ici?

— Non pas nécessairement. Je veux qu'elle habite chez nous. Elle viendra ici juste ses journées de congé et vacances comme elle le faisait déjà. Nous en avons besoin avec les jumelles, nos carrières respectives et la grossesse maintenant. Je veux que tu viennes habiter avec nous Maggie, je ne peux pas te savoir loin de moi.

— Hum, t'en veux des choses toi. Elle lui souriait. Juste un problème Zack, tu as oublié mes chevaux et ils seront loin maintenant. Je dois m'occuper d'eux chaque matin. Je sais que je ne peux plus les chevaucher aux grands galops, mais je vais pouvoir faire des promenades au pas. Je veux quand même m'en occuper.

— Maggie, n'utilise pas ce mot tu me mets en érection à la minute que tu le prononces.

— Oh! J'avais oublié quel effet le mot chevauché te faisait. Prends-moi Zack. Nous trouverons bien une solution.

— Viens par ici. Tu me tortures. Tu as beaucoup trop de vêtements pour l'instant. Pour ce qui est des chevaux, nous rapprocherons l'écurie de notre maison.

Le lendemain matin quand ils arrivèrent à la maison ensemble et heureux, Barbara voyait ou espérait que ce soit ce qu'elle croyait voir dans leurs yeux. Elle lançait des coups d'oeil à Zack pour lui faire comprendre qu'elle voulait savoir.

— Oh Barbara! Nous voulons t'annoncer une…non deux bonnes nouvelles.

— Il alla prendre Maggie dans ses bras et sans lâcher son regard.

— Nous allons nous marier. Maggie à toi l'honneur pour l'autre nouvelle.

Maggie hésita et Zack resserra son étreinte.

— Je suis enceinte Barbara.

Barbara les enlaçait tous les deux.

— Quelles bonnes nouvelles pour vous deux. Félicitation, je suis si contente pour vous deux.

Les filles accouraient vers eux.

— Oups! Non pour vous quatre.
— Non cinq. Venez les filles.

Tous avaient un beau sourire. Zack leur expliqua qu'il allait lui demander après la fête de Zackarianne et Zoyanne. Zack avait préparé une fête chez lui pour les filles, elles fêtaient déjà leur troisième anniversaire. Toute la famille y assisterait. Il décida de téléphoner sa mère, il ne pouvait contenir sa joie et avait besoin de lui dire.

— J'ai un peu ruiné la surprise, mais cela en valait la peine maman.
— Zack, quand les choses se passent comme cela sans notre contrôle, pour moi ce sont des signes…que l'amour est vrai et que ce n'est pas nous qui la guidons,

mais bien l'amour qui nous guide. Alors nous allons tous venir fêter cela avec vous quatre samedi comme prévu.

— Merci maman.

— Je suis tellement heureuse pour toi Zack.

— Maman, j'ai quelque chose d'autre à te dire. Je vais l'annoncer aux autres samedi. Maggie et moi allons avoir un enfant…et j'avais déjà prévu de demander sa main avant de savoir.

— Oh Zack! qui suis-je pour te juger. Je suis si contente pour vous deux. À quand l'écographie?

— Maman! Ça ne peut pas être encore des jumeaux hein?

— Je ne crois pas, je te taquinais un peu. Nous serons là samedi. Je vais annoncer cela à papa immédiatement.

— Zack alla rejoindre les filles au salon et s'installer à côté de Maggie.

— Chérie, quand crois-tu pouvoir passer l'échographie?

— Habituellement cela se situe vers la dix-huitième semaine, mais je vais demander à des collègues de l'hôpital s'ils ne peuvent pas me faire un petit spécial.

— Super, j'aimerais être là.

— Je n'irais pas sans toi, je t'y trainerai de force.

Ils rirent tous. Zack savait bien que Maggie pourrait bien le faire. Zack chuchota dans le cou de Maggie.

— Tu viens à cheval avec moi, je voudrais revivre quand tu m'as fait chevaucher avec toi. Nous irons très, très doucement.

Elle le regarda dans les yeux et se mordit la lèvre.

— Hum, je ne dirais jamais non à cela. Viens.

Ils partirent doucement sur le même cheval. Ils voulaient revivre cette nuit où ils avaient conçu cet enfant. Le coucher de soleil était déjà commancé, ils s'installèrent sur leur rocher et firent l'amour à la tombée de la nuit.

Maggie et Zack allèrent finalement pour l'écographie la semaine même et il révélait bien des jumeaux. Il regarda Maggie avec une moue.

— Désolé Mag, je crois que je ne suis pas capable de faire juste un bébé à la fois.
— Ah! Ah! Ah! tu es drôle toi, moi je suis contente. C'est deux pour un, mais après, je crois que c'est tout.
— Tu imagines le travail que cela nous donnera avec les filles et les nouveaux bébés.
— Ne t'inquiète pas Barbara sera toujours là pour nous aider.

Ils se présentèrent tous chez Johannie et Frédérick le samedi pour l'annonce officielle du mariage et de la nouvelle naissance à venir.

— Zack, Ted et moi avons un beau garçon, je voulais essayer pour un autre et ensuite arrêter. Mais là tu me fais sérieusement peur. C'est presque qu'anormal d'avoir deux grossesses multiples.

— Zoé, tu n'as rien à te plaindre. Tu as eu une grossesse normale. Je te trouve chanceuse, mais une double grossesse peut arriver à tout le monde. Très drôle, je suis normal et oui cela peut arriver.

— Parce que tu es médecin maintenant Docteur Zack.

Ils rirent en voyant Maggie s'approcher.

— On parle du docteur ici.

— C'est Zoé, parce que je lui ai dit que d'avoir deux grossesses multiples était normales.

— Oui bon je t'enlève ton titre de docteur, car il ne faut pas être docteur pour savoir cela. On peut juste dire que tu as un sperme assez convainquant.

— Maggie, que me fais-tu là.

Maggie et Zoé riaient. Ils s'entendaient si bien ensemble. Zack appréciait cette complicité entre les deux femmes qu'il aimait. Ils passèrent tous au salon pour préparer le mariage.

— Quelle famille bruyante. Bon, on le prépare ce mariage les enfants.

Tous regardèrent Frédérick avec son air si fier de patriarche de la famille. Johannie à ses côtés, tout aussi fière que lui. Zack prit la parole.

— Pour la date du mariage, ce sera assez rapide. La question est, sommes-nous capable d'y arriver?

—   Oui ne t'inquiète pas, Amélia et moi allons t'aider. On a pris de l'expérience.

Tous acquiescèrent. Et chaque femme de la famille avait une tâche à faire et elles se rencontrèrent le jeudi suivant pour coordonner le tout.

Zack et Maggie étaient dans la salle de conférence quand Johannie, Zoé et Amélia entrèrent. Zack prit son croissant, son café et s'éclipsa en levant ses sourcils.

—   Je dois voir papa d'urgence.

Les filles riaient de lui.

—   Bonjour papa.
—   Hé Zack! Tu n'es pas en train de faire des préparations de mariage toi.
—   Tu veux vraiment ma mort toi.
—   Ah! Ah! Ah! que dirais-tu de parler voyage de noces?
—   Ça semble beaucoup plus agréable.
—   Croyez-vous aller en Italie vous aussi?
—   Hum, Mi è sempre piaciuto l'Italia.
—   Ah! Je suis si fier quand j'entends mes enfants dire cela.
—   Alors, tu crois que je devrais maintenir la tradition?
—   C'est une tradition maintenant? Pourtant Zoé et Ted ont opté pour les iles Fidjies et nous nous sommes beaucoup amusés, c'était un merveilleux voyage.

— Ouin, je n'en ai pas parlé à Maggie. Attend je l'appelle.

— Hein, tu ne veux pas aller la voir, tu n'as que vingt pas à faire.

— Pas question d'entrer là.

Il prit son téléphone et discuta avec Maggie. Elle était d'accord pour l'Italie, elle disait même en rêver. Après la communication, il se tourna vers son père avec un gros sourire.

— Italia noi arriviamo.

— Tu sais que tu parles très bien Italien. Nous ne discutons plus assez souvent en Italien. Cela me manque. Alors…vous n'allez que vous deux?

Zack avait très bien compris son père, mais il aimait le taquiner en ce moment.

— Non, j'aimerais bien y amener les filles aussi.

— Ah oui! Mais nous pourrions aller pour garder les filles pour que vous puissiez prendre un peu de bon temps.

— Bof! Pourquoi pas. Appelle les gars pour savoir ce qu'ils en pensent.

Tous les hommes de la famille étaient maintenant à parler tous ensemble dans le bureau de Frédérick.

— Vous entendez ce vacarme les filles.

— Oui maman, et je sais ce que nos hommes font. Maggie c'est bien de voyage que Zack t'as parlé au téléphone.

— Oui…nous allons tous en Italie.

— Johannie et Zoé se croisèrent du regard et souriaient.

— Croyez-vous apporter les filles, car un voyage en Italie ne se fait pas en moins d'un mois pour bien visiter.

— Oh! Nous ne pourrons jamais laisser les filles ici pour un mois. Ce serait impossible pour Zack et même moi, je m'y suis tellement attaché.

— Tu sais la famille de Frédérick est là-bas et nous pourrions allez avec vous et prendre soin des filles pour vous permettre de vivre votre lune de miel.

— Wow! C'est tellement gentil de votre part. Vous croyez que Zack approuverait?

Zoé riait aux éclats.

— Maman qu'est ce que tu lui fais. Maggie, je vais te dire ce qui va exactement se passer. Maman et papa vont payer votre voyage de noces et les hommes sont en train en ce moment même de…non à les entendre, je crois que Zack a déjà accepté que nous venions tous avec vous.

— Oh!

— Mais ne t'en fait pas chérie, nous prendrons soin des filles et vous pourrez prendre du bon temps et nous aurons quelques soirées tous en famille avec la famille italienne de mon mari.

— Et pourquoi pas, je suis si bien avec vous tous. Johannie, vous avez une merveilleuse famille.

Zoé avait déjà sauté sur son cellulaire et annonçait à Ted qu'ils partaient pour l'Italie.

— J'ai une demande à vous faire les filles. J'aimerais que vous n'en parliez pas à Zack et quand il me demandera, je ferai la moue pour indiquer que je ne veux pas cela. J'imagine de voir sa déception. Mais ce sera ma revanche, car il me fait assez souvent des petites farces comme cela.

Zack se pointa dans la salle de réunion et demanda à Maggie de le suivre dans son bureau, qu'il devait discuter avec elle.

— Maggie chérie, je me demandais si tu n'avais pas d'objection à ce que nous amenions les filles, car un mois sans elles n'est pas concevable pour moi. Mon père m'a offert de venir avec nous, avec maman bien sûre, pour surveiller les filles pour que nous puissions faire des choses seules.
— Oh! tes parents et les filles à notre voyage de noces…hum.
— Quoi? Tu n'approuves pas!
— Bof!

Zack était presque sur le point de pleurer tellement il était déçu, il ne savait plus où regarder. Maggie n'en pouvait plus de cacher ses émotions, elle souriait.

— Bien Maggie, je comprends. Dans ce cas, si tu n'as pas d'objection, nous irons moins loin et…pourquoi tu souris là?

— Bien, moi ce que je veux vraiment Zack c'est d'aller en Italie, mais Amélia et Ogan sont allés avec toute ta famille.

Zack la prit dans ses bras et il souriait à pleine dent.

— Tu savais, tu me taquinais là hein?
— Oui, les filles m'avaient bien averti. J'aime être avec toute ta famille Zack, je les aime tous.
— Moi c'est toi que j'aime. Allons leur dire la bonne nouvelle.
— Tu parles des gars, là parce que nous les filles, c'est déjà tout arrangé.
— Ah! que vous êtes mesquines vous les femmes.

Tous étaient maintenant dans la salle de réunion à discuter du voyage. Zoé jeta les hommes dehors prétextant qu'elles devaient continuer les préparations du mariage.

— Tu l'as bien eu?
— Oui, mais je n'ai pas pu le faire languir trop longtemps. Je ne l'avais jamais vu avec un visage si peiné. J'ai fait exprès de sourire et il a tout de suite compris.

Le mariage fût célébré quand Maggie était à dix semaines de grossesse. Ils partirent tous pour l'Italie. Elle était heureuse. Ses parents adoptifs avaient aussi été invités à faire partie du voyage, mais ils avaient refusé.

Au retour Maggie s'installa définitivement chez Zack. Ils avaient déjà débuté la construction d'une écurie non loin de la maison et Maggie voulait offert aux filles des poneys. Maggie avait adopté les Zackarianne et Zoyanne, elle les aimait comme ses propres filles.

— Maggie, tu crois que tu aimerais revoir ta famille quand nous aurons les bébés. Pour leur montrer.

— Non, je ne les ai jamais revus. À quoi bon.

— Maggie, tu sais très bien que c'est comme ils étaient élevés, comme ils avaient appris. Ce n'est pas nécessairement de leur faute, je crois.

— Je crois que j'ai marié le meilleur des hommes sur la terre. Tu sais que tu es un tendre toi.

— Oui, mais ne le dit pas trop fort.

— Ah! Ah! Ah! je t'aime.

Il l'embrassa tendrement avant de reprendre sa discussion.

— Tu veux bien chérie.

— Tu sais que tu ne vas pas aimer, mais pas du tout.

— Alors je le prendrai comme une visite touristique. Je crois que tu devrais, je sais qu'il te manque quelque chose dans la vie Maggie. Tu dois y faire face.

— C'est si difficile Zack.

— Ne t'inquiète pas, je serai avec toi. Les bébés seront là bientôt et quand tu te sentiras assez bien pour faire le voyage, nous irons tous. Entre-temps, quand l'écurie sera terminée, nous allons devoir penser à agrandir la maison si nous voulons continuer à avoir des visiteurs ici.

— C'est terrible, quatre enfants.

Elle sourit tendrement à Zack.

— Tu sais j'aimerais aussi que Zackarianne et Zoyanne ai leur propre chambre communicative en grandissant. Il me semble l'avoir prévu quelque, mais quelqu'un a tout chamboulé mes plans.

Les bébés à venir étaient pour avoir cette chambre. La vie de Zack avait tellement changé depuis trois ans.

— J'ai calculé qu'avec les appartements de Barbara et les chambres don't nous avons besoin que je devrais peut-être me résigner à faire un deuxième étage. Qu'est-ce que tu en dis?

— Que vas-tu faire avec les chambres du bas?

— Qu'allons-nous faire plutôt? Je crois que nous trouverons bien…les enfants vont les envahir.

Maggie était impatiente d'acheter les poneys pour les filles et elle espérait secrètement que Zack en voudrait un pour lui.

— Zack.

— Oui bébé.

Maggie se mordit la lèvre.

— Ne fait pas ça, tu m'excites.

— Je veux bien t'exciter, mais pour autre chose. Une autre sorte de passion mon chéri. J'aimerais que nous allions choisir les poneys pour les filles ce week-end et si cela est possible…un pour toi.

— Un poney?

— Zack, un bel étalon comme toi mon chéri.

— Wow! Je n'ai pas vraiment hum….comme…le pied marin avec un cheval.

— Ah! Ah! Ah! j'aurai tout entendu avec toi. Le pied marin avec un cheval…Zack, tu veux plutôt dire que tu n'es pas trop à l'aise sur un cheval.

— Ouin. Nous pourrions aller pour les filles et on verra pour moi.

— O.k.

— Tu sais bien que c'est avec toi que j'aime chevaucher.

— Oui et moi aussi, des deux façons.

Il la prit dans ses bras et l'embrassa et pressa son corps contre le sien.

— Juste à penser à ça et l'eau me vient à la bouche bébé.

— Je vois que ton corps à une autre réaction.

— Oui, juste pour toi bébé, juste pour toi.

— Je suis gâtée avec toi.

— Je le prends pour un compliment. Moi aussi je suis gâté avec toi. Viens, suis moi…je suis un homme perdu par ta faute.

Il l'enlaça et la fit tomber sur le lit. Il lui fit l'amour que jamais il s'était attardé sur son corps.

— Je suis aussi une femme perdue avec un homme comme toi. Si tu me fais l'amour comme cela une autre fois, je te promets de ne plus pouvoir sortir de la chambre. Je t'aime mon chéri.

— Moi aussi bébé. Tu sais faire l'amour avec toi sur le rocher était la plus belle folie que j'ai fait dans ma vie et j'aimerais le refaire souvent. J'aimerais aussi qu'avec nos deux domaines réunis, que nous puissions trouver un coin à nous au bord de la mer où nous pourrions faire des pique-niques et nous laisser à faire l'amour au soleil.

— Hum, je crois que c'est toi qui me fais saliver cette fois.

— Alors nous allons devoir remédier à cette situation.

— Sur Rancho ou dans le lit?

— Nous allons devoir commencer au lit et ensuite je t'amène à cheval. Je vais t'amener faire un pique-nique sur le bord de la mer aujourd'hui…nous allons bien trouver un coin.

Il la souleva et elle enlaça ses jambes autour de Zack.

— Ce malheureux pantalon! J'aime bien les jupes…très courtes de préférence.

— Oh là là! Zack Mezzo, quel terrible monsieur tu fais!

— Sans culotte, encore mieux.

— Sur le cheval une jupe ne serait pas terrible, mais pour un pique-nique. Je vais peut-être te faire une surprise.

— Tu me rends fou, ne dis plus rien sinon je ne pourrai plus me retenir.

Le jour de l'encan de chevaux était arrivé. Ils étaient assis dans les estrades à attendre le début des parades de chevaux. Quand il était question de chevaux, les yeux de Maggie devenaient étincelants. Elle avait des flammes dans les yeux. Elle était si belle à regarder. Elle était sa flamme de son coeur qu'il ne croyait plus pouvoir avoir après la naissance de ses filles. Il était aux anges, elle l'aimait et elle avait accepté ses filles comme les siennes.

— Zack regarde. Les étalons commencent à sortir. Ensuite ce sera les juments et les poneys suivront.

Il se pencha à son oreille.

— C'est moi l'étalon depuis que je te connais.

Elle le regarda dans les yeux.

— Je suis bien d'accord avec toi. Oh! Regarde-moi celui-là, il est splendide.

— Je suis jaloux que tu le trouves plus beau que moi.

— Ne t'inquiète pas il n'est pas plus beau que toi.

— Tu n'as jamais eu une réaction comme cela pour moi.

— C'est ce que tu penses hein. La première fois que je t'ai vu à la plage, j'en suis tombée dans les pommes. J'ai dû me reprendre très vite, car mon métier me rappellait à l'ordre.

Les chevaux défilaient tout en annonçant les informations reliées à ceux-ci. Celui que Maggie aimait se nommait Shadow. Il était blanc tacheté de caramel et le sien, Rancho était blanc tacheté de noir. Elle le voulait, même si Zack n'en voulait pas. Le prix fit sursauter Zack.

— Treize mille dollars pour un cheval!

— C'est un très bon prix mais il va se vendre beaucoup plus cher que cela quand les enchères commenceront.

— Comment as-tu payé pour le tien?

— Ving-quatre mille dollars.

— Ouf! Pour un cheval seulement.

— Je le referais n'importe quand. Cette race est très recherchée. Il est très rare qu'on en voit à vendre, c'est pour cela que je te dis qu'il se vendra beaucoup plus cher.

Il regarda Maggie, lui était estomaqué et elle, elle était passionnée comme un enfant à qui l'on donne un nouveau jouet qu'il voulait vraiment. Il voulait lui faire plaisir et cela lui ferait chaud au coeur de la voir toujours heureuse, c'est ce qu'il voulait le plus au monde…la voir toujours heureuse.

— Tu sais ce que je devrais peut-être faire Maggie.

— Non, dis-moi.

— Acheter celui-là. En plus c'est un étalon. Alors nous pourrons les faire accoupler pour en avoir d'autres.

— Ah! Ah! Ah! Zack, le mien est aussi un étalon.

— Ah! Voilà mon grand manque d'expérience.

— Si tu étais plus souvent près de lui, tu l'aurais vite deviné.

— Oui, j'ai déjà vu ça. Mais je ne l'ai pas vu sur lui et à vrai dire, je n'ai pas cherché à le savoir.

— Alors on verra à la vente ensuite si nous pouvons réussir à l'avoir. Entre-temps nous allons regarder les autres, car si nous n'arrivons pas à avoir celui-là, nous allons devoir en choisir un autre.

— Pourquoi nous ne réussirions nous pas à l'avoir.

— Si l'enchère monte trop haut.

— Si je le veux, je l'aurai.

Il se pencha à son oreille pour que personne n'entende.

— Si je suis vraiment dans le pétrin, je vais appeler ma mère. Chut.

— Mon Zack, tu es terrible gâté.

— Non, mes parents ont toujours dit que nous devions gagner ce que nous voulions dans la vie.

— Et?

— Et…et si je ne peux pas l'avoir, je vais faire appel à elle et nous trouverons une solution c'est tout.

— Finalement, je me demande bien si ce n'est pas un poney que je devrais te faire acheter toi aussi.

Il la regarda avec un air surpris.

— C'est cet étalon et j'apprendrai.
— Très bien monsieur.
— Vilaine, ce n'est pas drôle. Je vais chercher des hot-dogs, tu en veux?
— Oui, deux s'il te plaît.

Il disparût et aussitôt hors de vu et éloigné du publique, il appela sa mère pour lui faire part de la situation et savoir si elle pouvait lui accorder un prêt si jamais il ne pouvait se le permettre.

— Hum, c'est un peu comme un jouet.
— Oui mais si les filles et Maggie font du cheval, je dois apprendre aussi. Tu comprends.
— Oh! oui Zack, je comprends très bien. Bon, nous allons mettre quelques conditions qui nous favoriseraient autant qu'à nous qu'à toi.
— O.k. quels conditins?
— Maggie n'utilisera plus sa maison, alors que diriez-vous si en échange du cheval que je vais t'acheter, Maggie nous prêterait la maison quand nous voulons passer quelques jours près des enfants?
— Je suis assuré qu'elle n'aurait aucun problème avec cela. Crois-tu pouvoir rester chez toi quelques heures et je te téléphonerai pour savoir quel montant, doit être transféré à mon compte?
— Hum, j'ai l'impression que je viens de jouer avec le feu. Oui je reste et j'attends ton appel.
— Je t'aime maman, tu es un ange.
— Un ange bien riche.

— Oui, je te l'accorde, un ange bien riche qui adore ses enfants. Merci maman.

Il retourna s'asseoir avec Maggie avec un sourire plus large que jamais. Maggie le regarda s'asseoir et elle souriait.

— Bon, tu en as vu d'autre potentiel?
— Je vois que la réponse de ta mère était favorable.
— Pourquoi dis-tu ça?
— Premièrement, parce que ton sourire est mémorable. Deuxièmement, parce que je n'ai pas deux hot-dogs dans mes mains.
— Ah! Ah! Ah! je suis pitoyable. Oui elle était favorable. Elle demande en échange de pouvoir utiliser ta maison quand ils auront envie de venir passer quelques jours près des enfants…tu crois que c'est possible?
— Merveilleux. Mes hot-dogs maintenant.
— Oui, sans faute cette fois.

Maggie réussit à avoir le cheval pour dix-neuf mille dollars. Zack était heureux, mais son anxiété monta d'un cran. Il allait vraiment devoir apprendre maintenant. Il ne pouvait plus retourner en l'arrière.

Les semaines passèrent. Maggie avait maintenant son écurie tout près de la maison. Maggie et Zack entrainèrent les filles chaque jour.

— Zack, je crois que ça y'est.

— Quoi, mais non, il reste encore un mois chérie, c'est impossible.

— Je te dis que ça y'est.

— Merde, nous sommes à deux heures de l'hôpital Mag.

— On part immédiatement et Barbara prendra ma vagonnette pour venir avec les filles chez tes parents.

Six heures plus tard, Maggie accoucha de leurs deux garçons.

— Tu as été merveilleuse chérie. Tu sais, je crois que je ne voudrais plus jamais assister à un accouchement pour te voir souffrir à nouveau comme cela. Je crois sincèrement que nous avons notre lot maintenant.

— D'accord avec toi mon amour. Je crois que nous allons être très occupés pour les vingt prochaines années.

— Vu comme ça, je crois que je suis en dépression docteur.

Son accouchement avait été très difficile. Cristiano et Marco étaient nés. Deux mois plus tard, Zack réussit à convaincre Maggie à nouveau de visiter sa famille avec ses filles adoptives et ses fils. Elle était très surprise de voir que sa famille était heureuse de la revoir et sa mère lui avoua qu'elle l'avait laissée aller, car elle voulait une meilleure vie pour elle. Ça lui avait brisé le coeur de donner sa fille comme cela, mais qu'elle savait très bien que c'était la seule façon de lui offrir meilleure que ce qu'eux pouvaient lui offrir.

— Merci Zack, merci de m'avoir ouvert à cette possibilité que je ne croyais pas possible.

— Tu en seras plus heureuse Maggie et nous y retournerons quand tu voudras. Mais la prochaine fois, on leur apportera plus de cadeaux.

— Ma vie est comblée, j'étais si malheureuse quand ma mère m'a avoué m'avoir laissé aller pour avoir une vie meilleure. Si j'avais su, j'y serais retourné beaucoup plus tôt. Je suis si heureuse que tu aies insisté.

— Je sentais que tu en avais le besoin. La famille c'est important. Viens, je crois avoir besoin d'une leçon de cheval.

— Je t'aime.

<u>Trouvez-les, ils sont là</u>

Mon bel amour

Ogan Mezzo que rien n'arrête trouvera les amours de sa vie

La redoutable Zoé Mezzo devant la défaite…et l'amour

Zack Mezzo, le beau charmeur chevauche avec l'amour

Emmanuël Mezzo face à son secret

Michaël Mezzo tourmenté par ses amours

La famille Mezzo : L'intégral

Le Prince Aja envoûté par Danna

L'amour interdit de Magalie

Amoureuse de son sauveur

Le cadeau de Gabriella

Un cowboy pour Mia

Mon ange gardien sexuel

Deux mois d'amour, une vie de passion

Mon oiseau volage d'amour

Annie taquine l'amour de sa vie

Destinée à lui

Alyssa, tu es mienne, eres mías